U0509914

中國美術分類全集

中國青銅器全集

11

東周 5

中國青銅器全集編輯委員會 編

《中國青銅器全集》編輯委員會

主　任

馬承源（上海博物館館長　研究員）

委　員（按姓氏筆劃排列）

王世民（中國社會科學院考古研究所研究員）

杜迺松（故宮博物院研究員）

李中岳（文物出版社高級編輯）

李國樑（安徽省博物館副研究員）

吳鎮烽（陝西省考古研究所副所長　研究員）

郝本性（河南省文物考古研究所研究員）

馬承源（上海博物館館長　研究員）

段書安（文物出版社副編審）

俞偉超（中國歷史博物館館長　教授）

陶正剛（山西省考古研究所研究員）

陳佩芬（上海博物館副館長　研究員）

郭素新（內蒙古自治區文物考古研究所研究員）

張囤生（文物出版社副總編輯　副編審）

張長壽（中國社會科學院考古研究所研究員）

張增祺（雲南省博物館研究員）

楊　瑾（文物出版社編審）

楊育彬（河南省文物考古研究所所長　研究員）

楊錫璋（中國社會科學院考古研究所研究員）

趙殿增（四川省文物考古研究所副所長　副研究員）

熊傳新（湖南省博物館館長　研究員）

顧　問

李學勤（中國社會科學院歷史研究所所長　研究員）

凡例

一　《中國青銅器全集》共十六卷，主要按時代分地區編排，力求全面展示中國青銅器發展面貌。

二　《中國青銅器全集》編選標準：以考古發掘品爲主，酌收有代表性的傳世品；既要考慮器物本身的藝術價值，又要兼顧不同的器種和出土地區。

三　本書爲《中國青銅器全集》第十一卷，選錄東周時期吳、越、徐國以及百越、群舒青銅器精品。

四　本書主要內容分三部分：一爲專論，二爲圖版，三爲圖版說明。

目錄

圖版說明

春秋時期中原群雄列國圖

戰國時期中原群雄列國圖

東周吳、越、徐青銅器出土地點分布圖

吳、越、徐青銅器概述

李國樑

一

我國東南和南部地區的古代越族分布範圍很大，據《漢書·地理志》唐顔師古注：「臣瓚曰：自交趾至會稽七八千里，百越雜處，各有種姓。」百越支系甚多，所居住的地方，遍及今天的蘇南、皖南及浙、贛、湘、閩、粤、桂諸省區。有的學者認爲越族名稱的來源是因越人善于使用一種叫作戉的石器而得名，後來石戉演變爲銅鉞①。春秋時期，東南地區的越人建立了吳國和越國。

吳越兩國地處長江下游三角洲地帶，這裏湖泊密布，江河縱横，氣候溫濕，土地肥沃，物産豐富。早在新石器時代晚期，當地已有高度發展的文化，經過越人的辛勤開發，到了春秋時期，吳越地區已具有發達的農業經濟，水稻栽培尤爲著名。農業的發展，又促進了手工業的進展，如青銅冶鑄、原始瓷器、紡織、編織等，其中青銅兵器、原始青瓷在當時的各國中可說是處于領先的地位。

吳國的統治者，據《史記·吳太伯世家》，是先周時的姬姓，自西北「奔荆蠻，自號勾吳。荆蠻義之，從而歸之千餘家，立爲吳太伯。」勾吳又作攻敔、工盧，約在春秋中期時稱王。吳太子諸樊劍銘：「余處江之陽，至于南行西行」②。吳國東臨大海，北濱長江，西是楚國，南是百越，它要發展擴大，必然要指向它的南方和西方。吳與楚發生多次戰爭，吳王闔廬九年（公元前五〇六年）攻入楚都郢。吳王夫差二年（公元前四九四年）出兵攻越，越敗，成爲吳的屬國。夫差接着又攻齊伐魯。吳國強大起來，「北會諸侯于黃池，欲霸中國以全周室」，與晋國爭當霸主。越國乘機從後方擊吳，夫差「乃引兵歸國，國亡太子，內空，王居外

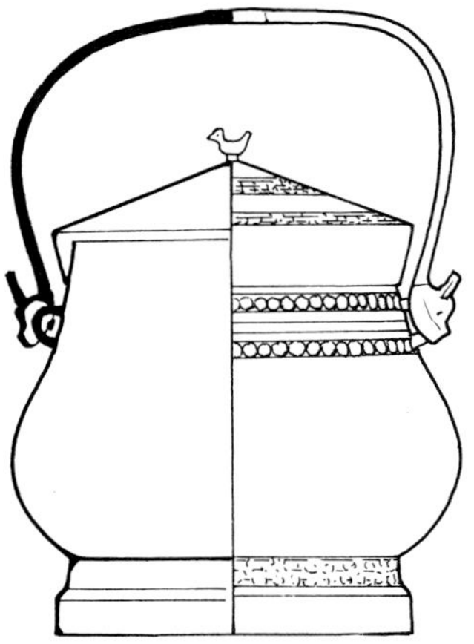

丹徒大港母子墩出土的鳥鈕蓋卣

丹徒大港母子墩出土的獸首耳簋

久，士皆罷敝，于是乃使厚幣以與越平」[3]。公元前四七三年吳國終被越國所滅。

越國是當地的土著越人，大約在春秋晚期後段，越王勾踐三年（公元前四九四年）敗于吳王夫差，入吳爲質，成爲「傭僕」。後來勾踐臥薪嘗膽，發憤圖強，國力逐漸強盛起來，滅了吳國，引兵北渡淮河，徙都瑯琊，與齊、晉諸侯會于徐州。「當是時，越兵橫行于江淮東，諸侯畢賀，號稱霸王。」[4]到越王翳時，遷都回吳，國勢逐漸衰弱。越王無彊時，興兵北伐齊、西伐楚，又與列國爭強，爲楚所敗。楚盡取故吳地至浙江，而越以此散，服朝于楚。大約到公元前四世紀初葉被楚國所滅。

吳越青銅器被人們所認識開始于青銅器上的銘文。清乾隆二十六年（公元一七六一年）江西臨江發現吳者減鐘，同治中代州發現攻吳王夫差鑑。散見于清末以來各家著錄中的吳國青銅器雖有所聞，但大多不知具體的出土地點，有的也流失不知所在。從一九四九年以來，陸續出土一批有銘的吳國青銅器，如壽縣的吳王光鑑、吳王光鐘[5]，淮南的吳太子姑發劍、吳王夫差戈[2]，萬榮的王子孜戈[6]，原平的吳王光劍[7]，平度的吳王夫差劍[8]，廬江的吳王光劍[9]，輝縣和襄陽的吳王夫差劍[10]，紹興的配兒鉤鑃[11]，鳳翔的吳王孫無壬鼎[12]，南陵的吳王光劍[13]，沂水的工𧇡王劍[14]，江陵的吳王夫差矛[15]，楡社的工𧇡季子劍[16]，霍山的攻敔戟[17]，洛陽的吳王夫差劍[18]，等等。

人們對具有吳越特色青銅器的進一步認識，是從五十年代後逐漸開始的。早在一九三〇年儀徵破山口就出土有吳越特徵的青銅器[19]，但當時還不甚瞭解。一九五四年丹徒煙墩山出土一些頗有特色的青銅器[20]，引起有關學者的廣泛興趣。一九五八年武進淹城又出土一些有別于中原的青銅器[21]。七十年代後，發現青銅器的地點日益增多，大多集中在長江下游大江南岸丹徒諫壁到大港一帶。如母子墩[22]、磨盤墩[23]、糧山[24]、王家山[25]、北山頂[26]，以及丹陽的司徒[27]和溧水的烏山[28]等地，這許多地點所出的青銅器，豐富了人們對吳地青銅器的認識和探索。

越國青銅器的發現，同吳國情況一樣，也是開始于青銅器上的銘文。早在北宋的《宣和博古圖錄》即收錄有越王者旨於賜鐘銘文，但當時誤認爲商周器。清乾隆五十三年（公元一七八

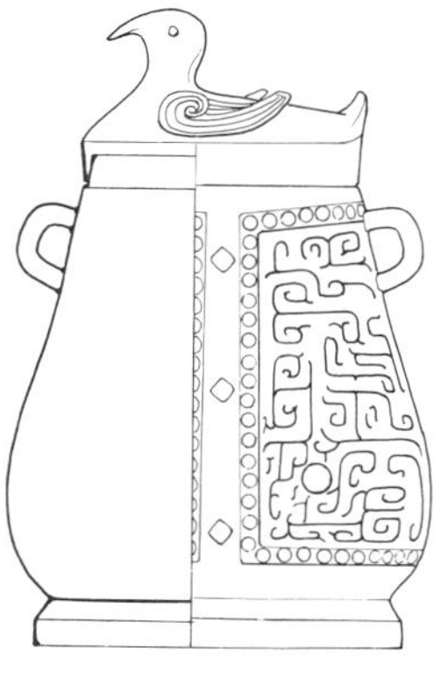

丹徒大港母子墩出土的鳥蓋變形獸紋壺

八年），江蘇常熟出土姑馮鈎鑃，鈎鑃之名，古籍所無，世人知之始于此器。道光初年，浙江武康出土其𠑹鈎鑃。在這以後的有關著錄中，者汈編鐘，越王劍，越王勾踐之子劍，越王者旨於賜劍、矛，越王盲姑劍，越王州勾劍、矛等，時有記載，但大多無具體出土地點。進入五十年代以後，特別是銘有連續四世越王名字的青銅兵器相繼出土。如越王勾踐劍出土于江陵㉙，越王者旨於賜戈、劍分別出土于淮南、江陵②㉚，越王盲姑劍先後出土于江陵、安慶㉛，越王州勾劍分別出土于江陵、秭歸、荊門和益陽等地㉜。其它有關越國的青銅器，目前引人注意的是一九五九年以後陸續發掘的屯溪八座土墩墓㉝和紹興㉞以及長興㊱、吳縣㉟等地出土的青銅器。關于屯溪墓葬的時代，歷來分歧較大，我們認爲應屬于春秋晚期到戰國早期的越國㊲。

吳越兩國，南北相連，有共同的族屬和文化經濟基礎。青銅器方面，有相當多的共同點，除了器物有銘爲證，目前還難以將吳或越處于同一歷史階段的青銅器完全區別開來，至于區分它們的發展階段序列也是較爲困難的。因此，我們在討論吳越青銅器的有關問題時，將不作區分，而是合在一起，總稱吳越青銅器，或吳越青銅文化。

吳越青銅器約有以下的一些特色：一是具有兩種傾向性的器物共存。即一方面是屬中原系統的，其形制、紋飾和風格，多西周和春秋列國流行式樣的禮器和樂器。另一方面是吳越地區盛行的式樣，有較濃厚的地區風格。前者表現在長江下游諸多的土坑墓中，反映吳越王室同中原文化融合程度的強烈。後者表現在土墩墓中，反映吳越土著貴族在同中原文化融合的進程中，仍頑強地保持着獨自的本民族地區的習俗和特色㊳。這兩種不同的風格，有着明顯的區分，但在追慕中原華夏文化方面却是一致的，表現在春秋中晚期的土坑墓和土墩墓中都發現過中原西周早中期青銅器的原因。如丹徒煙墩山的夨簋，大港母子墩的伯簋，屯溪M1的父乙尊、M3的公卣等。二是摹擬、變形和創新幷陳。摹擬是青銅器的基本形狀接近中原西周早中期的形式，只是局部有了變化或某一細部不一致；變形是比中原的器物有了較大的變化，甚至是根本的變化；創新是指出現一些新穎的器物，前所未見，有時還會出現仿自南方幾何印紋陶器和原始瓷器的青銅器。正是在這種情況下，吳越青銅器中有許多令人乍看似曾相識，疑爲中原地區的典型器物，但細心分析比較，絕非中原本色。三是青銅兵器製作精良，這已爲我國古

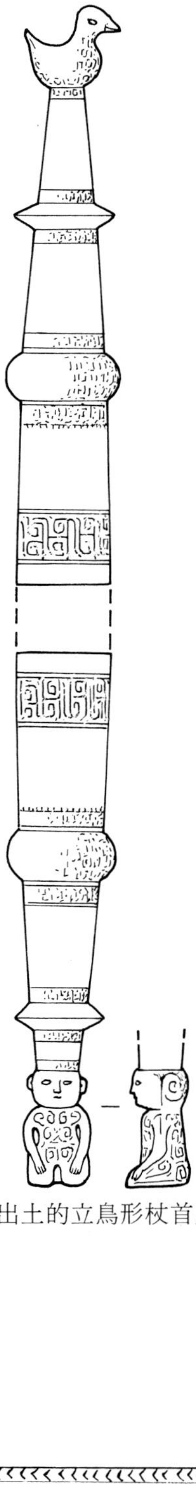

丹徒北山頂出土的立鳥形杖首及人形杖鐓

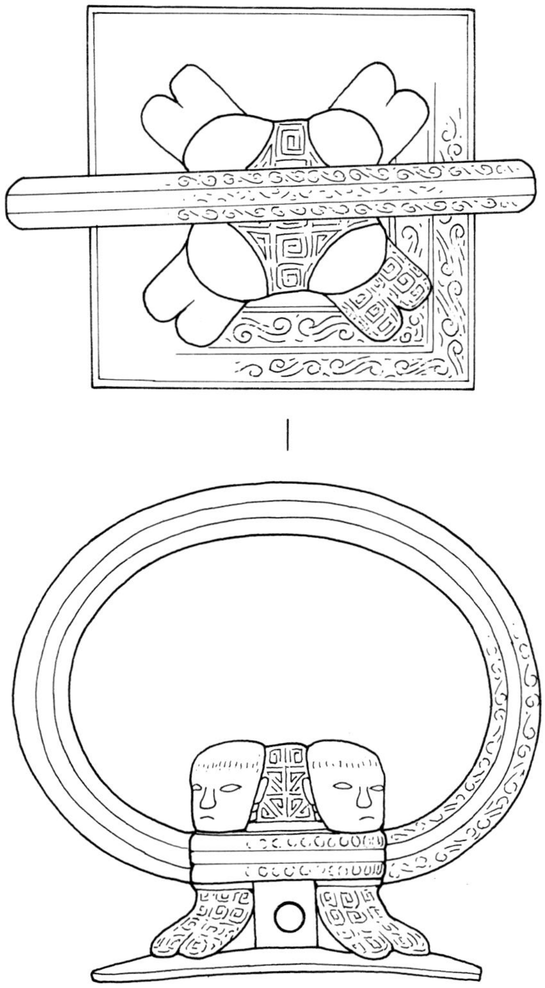

丹徒北山頂出土的四人形懸鼓環

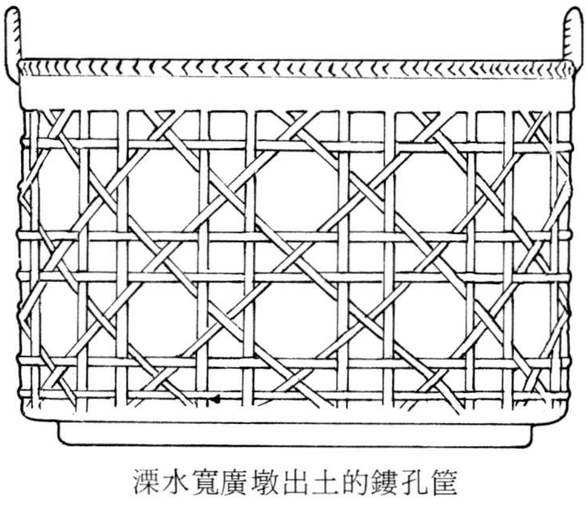

溧水寬廣墩出土的鏤孔筐

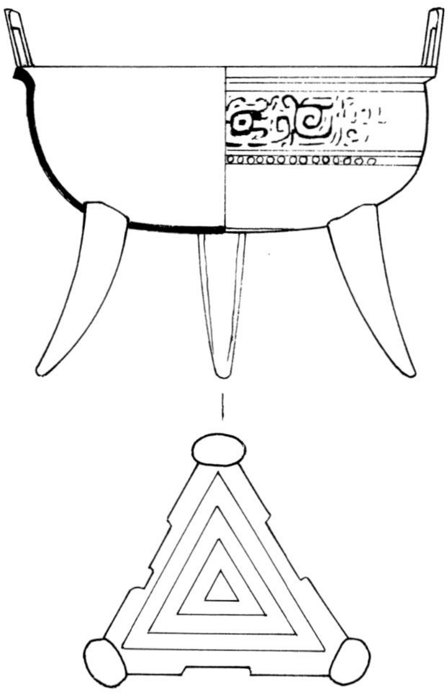

屯溪弈棋出土的龍紋鼎

代文獻所記載，地下出土實物也證實了的。這些青銅兵器既鋒利又美觀，既有實用意義，又有觀賞價值，在當時的諸侯列國中是享有盛名的。四是有種類較爲齊備的青銅農具，如耜、犁、鐮、鐯、鋤、耨、钁、銍，包括了耕地翻土、中耕除草、收割禾穗等農用器具。吳越地區出土青銅農具的種類和數量與其他列國故地相比是較爲突出的㊴。

吳越盛行富有區域特徵的青銅器，主要是數量較多的鼎、簋、尊、卣、盤。

鼎是中原青銅禮器中最爲重要的器物，也是吳越青銅器中常見、出土數量較多的器物。吳越鼎與中原的大致相同，區別是口沿上立耳較小，圜底淺腹，少數爲深腹，三足細高而外撇，人稱「越式鼎」。這種鼎一般容積較小，外觀也不厚實強壯，三足作外撇狀，給人以更穩固安定的感覺。如要細分，外撇三足有呈尖錐形狀足的，如屯溪M1:80、81兩鼎和煙墩山附葬坑二的乙鼎。有呈長條形狀足的，如六合程橋、和仁的鼎，丹徒諫壁糧山的Ⅱ式鼎，吳縣何山Ⅱ式鼎之二的鼎。有呈柱狀足的，如煙墩山附葬坑一、二的甲、丙兩鼎，屯溪M3:11鼎。鼎耳除常見的小而扁薄外，還有長方耳，一稱橫寬耳，耳寬大于耳高。有的耳間還有橫柱，如煙墩山附葬坑二的甲、乙鼎，吳縣何山Ⅱ式鼎之一鼎。有的耳頂兩側向外突出的，如煙墩山附葬坑二的乙鼎。時間較晚的有附耳鼎，如句容下蜀和當塗的鼎。圜底淺腹也可以進一步細分爲鉢式、盂式和盆式腹幾種。吳越地區還出土方鼎，這種體方、二耳、四足的方鼎，中原地區在西周中期後衰落，春秋中晚期又在江南出現，如繁昌湯家山的一對方鼎、溧水烏山M2和屯溪M3:9的方鼎。這幾件方鼎都有它的特點，繁昌的方鼎有蹄形足、平板形蓋，屯溪方鼎的矮足截面呈半環狀，別處罕見。

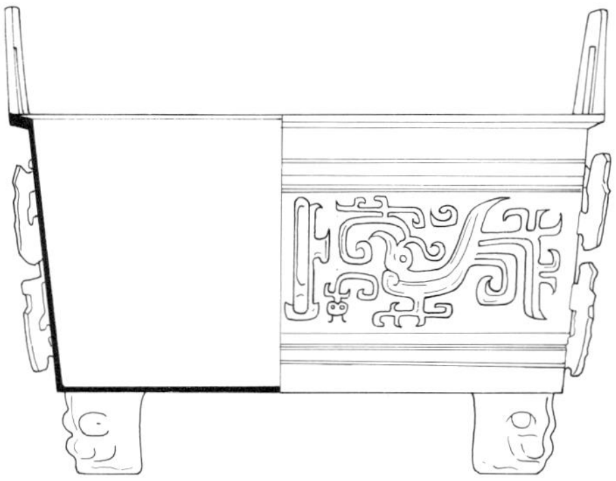
屯溪弈棋出土的鳳紋方鼎

簋也是吳越青銅器中常見的器物之一。中原地區在西周前期以後到春秋晚期簋的樣式大多是雙耳垂珥有蓋，有的簋圈足下有三小足或方座。吳越的簋不是這樣，有蓋簋和圈足下支三小足不但不見，耳下垂珥也較少。概括地說，吳越的簋大多是體矮，圓口，口沿較卷，低頸，橫寬腹，圈足較低，器形的變化較多。簋耳的樣式是多樣的，多是獸耳、環耳、鏤空耳，少數的簋耳配置垂珥或鏤空花脊。如司徒Ⅰ、Ⅱ、Ⅲ、Ⅳ式的簋耳和屯溪M1:96、M3:03、04、06的

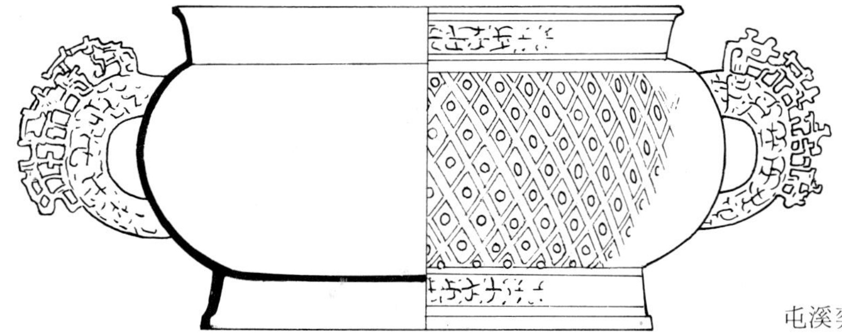

屯溪弈棋出土的百乳雷紋簋

簋耳。高圈足簋較爲罕見，目前只見司徒I式簋的圈足較高。吳越地區還流行一種無耳簋，器形較小，圓鼓腹，低圈足。如屯溪M3:1簋、蛙紋簋和司徒VI式簋。吳越地區還有一種簋，體甚矮，敞口，沿外侈，頸微束，口徑之大爲器高的三倍左右，腹淺而鼓，腹徑與口徑約略相等，腹兩側置鏤空雲形耳或扁圓形耳，耳甚脆弱，不堪提舉，徒具裝飾象徵，無錫北周巷、武進小河鄉、丹陽司徒、高淳東壩、繁昌湯家山和屯溪等地均有出土，這是一種形如淺盤的變形簋，爲吳越地區所特有。

尊是中原西周早中期常見的器物，西周晚期消失，到了春秋晚期，又在淮河以南和江南出現。這些尊可分爲兩類：一是三段式尊，有稱筒形尊或觚形尊，頸、腹、足三段分明，侈口，高頸，扁圓鼓腹，高圈足。這類尊雖仿自西周侈口觚形尊，但西周的尊腹直徑和頸根以及圈足上部的直徑差別不太大，腹部的鼓出也不多。吳越尊的腹部鼓出成豐滿的圓弧狀或相當突出的扁球形，兩者有顯著的區別。如屯溪、武進淹成、丹陽司徒、高淳下大路、紹興坡塘、松江鳳凰山和吳江九里湖等地出土的尊。這類尊中也有腹部鼓出不很突出，却附有其他的裝飾，如大港磨盤墩尊的口下有單環耳，腹部有四組乳釘，屯溪M6和溧陽夏橋的尊腹上側有一對環鈕或乳釘，顯非中原本色。另一是大口袋尊，有稱垂腹尊或觶形尊，大喇叭口，長頸，垂腹，體較闊，低圈足，當是仿自中原西周中期尊的樣式。吳越地區目前僅見丹陽司徒I式尊，形體較肥大，頸和腹部的紋飾却具有地區的特色。吳越出土的尊雖是較多，但能與尊組合的似乎是卣或壺，可是有的尊是單個出土的，足見尊這種器物在吳越地區是受到喜愛的，成爲富有地域特色的一種器物。

卣是商周酒器群中的一種重要組合器物之一，中原地區早在西周中期穆王後就退出了禮器的行列，春秋晚期又在江南出現。這些卣仍是有蓋，有提梁，多橢圓體，低圈足，腹部有垂腹式，也有鼓腹式和圓球式。卣的局部或細部都具有一些地區特點。如屯溪M1的兩件卣，肩部特別豐滿，提梁兩端的獸首顯得臃腫，形體較爲偏高而不協調。大港母子墩和溧水烏山M2的卣，蓋置鳥鈕和頸部裝飾有地方特點的紋飾。溧水廢品站和寬廣墩以及高淳漆橋的蛙紋卣，呈橢圓腹、直扁形方折提梁的四角飾獸首，都顯出與中原卣的不同特色。

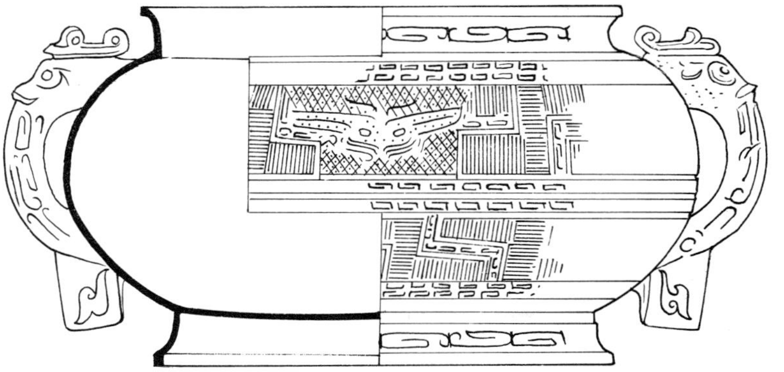

屯溪弈棋出土的幾何紋簋

盤是盥洗器，吳越地區除少數仍沿用中原的盤式外，大多是具有地方特色的。如屯溪M1和M3、丹陽司徒的Ⅱ式和Ⅲ式、溧陽社渚許大山界、溧水烏山M2、丹徒辛豐申子墩的盤以及丹徒煙墩山的小盤。這些盤多圓壁周邊較直，圈足較低而直下，附耳多貼近器體，耳高僅及器口。這種耳與器體的間隙難容一指，不便提捧，實際用途不大。中原地區的盤耳到春秋時起了變化，有的高附耳變成較低的獸耳，春秋晚期和戰國早期又興起了無耳盤或小鈕耳盤，吳越地區的盤耳大約處在上述變化和無耳之際。這裏還要指出，許大山界盤的圈足下有三個扁平足，應是西周晚期盤的圈足下另附三小足的遺跡，屯溪M3的透雕盤圈足較高外侈，也應是沿襲西周的作法。但許大山界盤、屯溪透雕盤和破山口的四鳥盤，它們的扁長方耳或豎置環耳，高度都不超出盤口，均是同一種風格。

富有吳越地區特徵的青銅器，并不是僅限于上述的五種，還有鈎鑃和錞于。鈎鑃是吳越自名，體腔似合瓦形，凹口，侈銑，頂有直柄。除上述的配兒、其𠤳、姑馮鈎鑃外，還有武進淹城，丹徒王家山、北山頂，高淳青山茶場、顧隴，廣德高湖等地出土無銘的鈎鑃，分別有一件、三件、七件、八件，數目不等。紹興曾出土有十一件青瓷鈎鑃，大小相次，這可能是鈎鑃較高的組合數。鈎鑃是我國南方吳、越、徐、楚的特有樂器，以吳越地區出土最多，在不同的國家可能有不同的名稱，徐、楚即自名爲鉦，有說鈎鑃也稱丁寧。錞于也是較有特色的青銅樂器，丹徒王家山和北山頂出土有兩種錞于，前者是弧頂無盤，側視器體上部向前傾斜，後者是淺盤虎鈕，器身呈肩大口小的橢圓筩形，均是三件大小相次，紋飾也與他處不同。文獻中說錞于是用于軍陣的樂器，但錞于有銘「用享以孝，子子孫孫永寶鼓之」，是也可用于宗廟宴享的。錞于出土地區以長江流域爲主，應與這裏的古代民族有密切的關係。

吳越兵器類型的基本組合爲戈、矛、戟、劍、鏃，適合于戰鬥中各方面功能的需要。戈類中的吳王子玫、吳王光、越王者旨於賜戈，矛類中的吳王夫差、越王者旨於賜、越王州勾矛等，均是膾炙人口的。儀徵破山口、高淳、屯溪、青陽、繁昌等地出土的矛，大多是柳葉形窄刃式，矛身有窄有稍寬，骹部有長有短，骹端內凹。這類矛還可細分，一種是骹部銎管較長，本部突出後鋒，或本部較寬弧而無刺，骹部末端均作外撇式，正視呈尖叉形。一種是矛本部寬

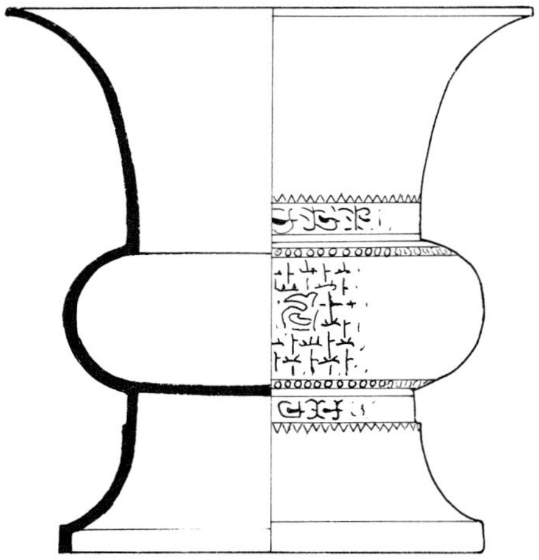

屯溪弈棋出土的棘刺紋尊

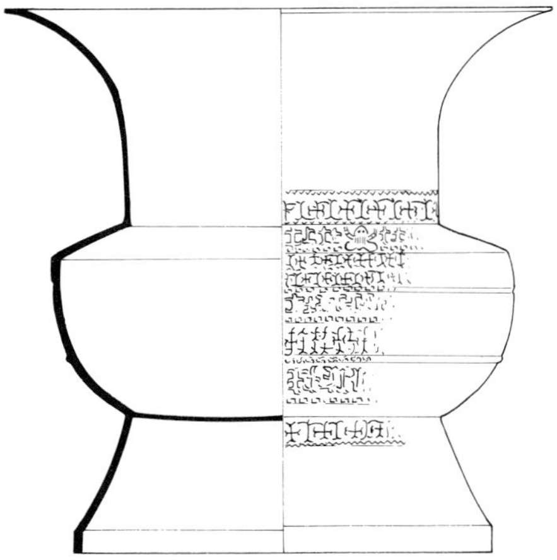

屯溪弈棋出土的蛙紋尊

乳釘很小，有的還是空心小圓珠，既不整齊，又不形似。如鱗紋，商周的鱗紋多大片復線，線條寬闊粗獷，吳越青銅器上的鱗紋多細密短線，線條纖弱隨意。浦口長山子Ⅱ式鬲之二腹部的鱗紋就很不工整，表現了較大的隨意性，高淳漆橋卣腹、武進淹城犧首匜腹的鱗紋，象魚鱗似的布滿器身，又細密又顯得纖弱。如圈點紋，商周的圈點紋多爲空心圓珠形，被叫作聯珠紋，多用作主紋的界欄，吳越青銅器的圈點紋，均爲外是一個小圓圈、中有一實點的圈點紋，既用作主紋，又用作地紋，更多的是用作界欄。屯溪M6：1尊腹用作主紋，丹陽司徒Ⅱ式簋用作地紋，而屯溪、丹陽司徒、磨盤墩、高淳顧隴等地的許多尊、卣、簋、盤上，都是用圈點紋作界欄。丹徒大港母子墩鳥鈕蓋提梁卣的頸部更可見到在上下二行的圈點紋中夾有四行聯點紋，這可能是爲了省事而將圈點紋的外面圓圈去掉，只剩下中心的一點，應是草率作風的流露。

變形是紋樣的形狀、格式起了變化，變形的方法大致有省略或添加，誇大或縮小，彎曲或伸長等等，改變了物象的正常形狀和比例。如獸面紋，中原常見的商周獸面紋大多是以鼻梁爲界兩邊對稱的，有目、口、眉、角，甚至具有爪、牙和尾，吳越青銅器上却不見這種形狀，目前人們常見的象是音樂符號似的外圍有盾形框飾，有稱鳥翼紋、蟬翼紋，這種紋飾應是越式矛、劍上的一種獸面紋的變形，原是在矛或劍的中脊兩側有對稱的雙目，雙耳（或角）和嘴的[40]。這種紋飾的變形，從繁到簡，見于繁昌、長沙、合肥、霍山等地出土的矛[41]。屯溪M3:04、06的簋腹和M3:20方鑑腹部的獸面紋，只是一個扁而窄、略具兩個圓目或連目也沒有的兩側似是長翼的變形獸面紋。又如鳥紋，商周的鳥紋一般都具有喙、角、爪和尾的，體似鳥形。吳越青銅器的鳥紋變化較多，如果說鎮江諫壁王家山錞于的鳥紋還是一個生動的長尾鳥，那屯溪M3:13單柱器的對鳥紋就成了實線平雕圖案形的鳥。儀徵破山口盉上的鳥紋雖生動柔媚却無足，而高淳漆橋卣上的陰線鳥，又不倫不類地多出二足，變成四足鳥。上述的鳥紋，不管怎麼變，還是地道的鳥紋，而下面一些變形紋飾就難以辨認了。屯溪M1:84、85盤腹的紋樣，如不借助M3:19盤腹紋飾是難以認定前二者皆是後者的簡化，M1:84盤下圈足的紋飾確是本盤腹部紋飾的簡化，M1:85盤腹的紋飾，身軀分段填實，象是一個節肢蟲類，但從整體看，

屯溪弈棋出土的鳳紋卣

圓弧收，敞口向內淺收呈弧狀。前者應是吳矛的特徵，後者約是越矛的普遍形式。大江南北各地發現的「奇字矛」、「空心王字矛」和飾有獸面紋（有稱鳥翼紋）矛，應屬于一種越式矛。吳越已發現七十餘件有銘的戈、矛、劍、戟，其中劍占三分之二，處于重要的地位。劍類中的吳太子諸樊、吳王光、吳王夫差、越王勾踐、越王者旨於賜、越王盲姑、越王州勾劍等，都是世上精品。至于那些沒有刻鑄國名或君主名字的劍就更多了，僅從吳縣㉟、長興㊱、屯溪三地已發表的青銅劍看，多數是狹前鍔，柳葉身，有格，柱莖，圓首，也有少數劍形制各异，裝飾華麗，美不勝收。

吳越青銅器中還出現了一些新穎器物，如武進淹城的三輪盤，丹徒北山頂的銅杖，紹興坡塘的銅屋。有一些青銅器，人們還不清楚它的用途和名字，只能根據其形狀命名，如煙墩山的一對角狀器，屯溪M1的一對五柱器。有些器物還受到南方幾何印紋陶器和原始瓷器等物的影響，如儀徵破山口和丹陽司徒的青銅甗，屯溪M2的青銅盂，與當地的幾何印紋陶器、原始瓷器極其相似。溧水寬廣墩的銅筐，其形制和紋飾竟是南方竹製編織器的銅質復製品。

吳越青銅器流行的紋飾與形制一樣，也有幾種情況，可分爲摹擬、變形和創新幾類式樣。

摹擬是依照中原的紋樣，作出類似的樣子，從整體上看似與中原差不多，如仔細觀察，它的局部總有些不一致的地方。如鳳紋，商周的一般是單鳳或對鳳，對鳳中間沒有夾飾其他動物紋飾的，而屯溪M1:93的卣腹、丹陽司徒I式尊腹、屯溪M3:9鼎腹，三器皆飾鳳紋，均有長冠，首前視或回顧，或長尾或分尾，但兩鳳中間夾飾一龜紋、或變形獸紋、或似倒置的撇點紋，是他處所未曾見的。如雷紋，商周雷紋無論是單線或雙線，結構都嚴謹工整，單位紋樣作方形方角或方形圓角，而吳越青銅器上雷紋的單位紋樣多採用圓形單線的螺旋形，且時有簡易草率現象。如溧水烏山M2方鼎的腹部正面、丹徒王家山的錞于、屯溪M3:012 2/2的劍身、M1:79的鼎腹就可以見到這種情況。如乳釘紋，商周的乳釘多密集高大，吳越青銅器上的乳釘多小而偏矮，形似泡釘。如屯溪M1:96簋腹、丹陽司徒I式簋腹、丹徒磨盤墩尊腹的乳釘多是小而偏矮的，繁昌湯家山方鼎腹部的乳釘雖大，却極其扁平。屯溪和司徒簋腹乳釘的周圍雖襯雷紋地，用的是極細的四或五重的菱形方格相套。丹陽司徒VI式簋腹的兩行乳釘紋，不僅

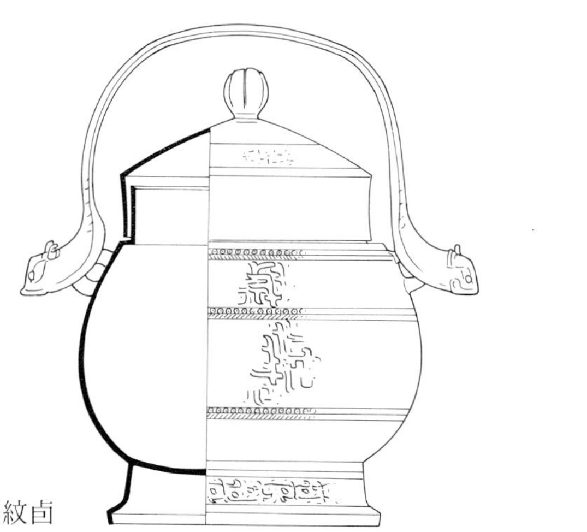

屯溪弈棋出土的交連紋卣

也應是M3:19盤腹紋飾的變形，這種拉長身軀、翹首卷尾，只具頭、冠、目和頸下三四根飃鬚的紋樣，大約是鳥紋或龍紋一類的變形。類似變形的紋樣，還有屯溪M3:12單柱器腹上的有首有身似是站立的動物形，屯溪M3:9方鼎腹部正面的大圓頭細長身的動物形，該方鼎腹部側面的二個似倒置的長撇點符號，均難瞭解它具體所指是什麼了。

創新是吳越青銅器紋樣中出現的新興式樣，它不是模仿或改變中原固有的紋樣，而是創造具有地域和時代特色的紋樣，大致約有下列數種：

一是交連紋。這種紋飾難以確指爲某種物類，它以相類似的單位組成，結構作橫向帶狀展開，縱向呈二層、三層或更多層次的平行交連，可以較簡單，也可以很複雜，但都具備以下共同特點：（一）基本線條爲橫向的鈎形分歧；（二）單位紋飾必上下交連；（三）單位之間有界欄，或簡單或複雜；（四）有疣狀或長或短的突出物，并處于固定的位置。這種紋飾爲中原和其他地區所未見，可以確認爲吳越青銅器紋飾的固有特色。丹陽司徒Ⅱ式尊腹和Ⅱ、Ⅳ式簋腹及Ⅱ式盤腹，高淳顧隴下大路尊腹，丹徒大港母子墩獸首耳簋沿，丹徒辛豐盤腹，屯溪M1:93卣蓋，都可以歸入這種紋飾。

二是棘刺紋，或稱爲方格幾何棘刺紋。這種紋飾結構類似交連紋，但結構更複雜、纖細、密集。在小方格內，有橫直線條爲地紋，每一方格內有一枚具一定長度的青銅刺，細如針尖，整體看來是密集叢生，最富地區特色。丹陽司徒Ⅲ式尊腹，松江鳳凰山尊腹，紹興坡塘M306尊腹，武進淹城尊腹，屯溪M1:89、M4:01、M5:50的尊腹、M1:94的卣蓋和卣腹、M1:95的盂肩和盂腹，均有這種棘刺紋。

三是方格紋，似方形或長方形格子狀。紋用多條較長的橫豎單線條，外加較短的小曲線組成，線條細如毫髮，四邊并不交連，紋樣微縮似網格，大多見于吳越的一種體形甚矮的簋腹，也是吳越地區的特有紋飾。繁昌湯家山、丹陽司徒、無錫北周巷、武進小河鄉、屯溪M2的簋腹，屯溪M2尊的肩、腹、足也見到這種紋樣。

四是編織紋，用多條平行的橫線和豎線，或雜飾其他紋樣組成，這也是吳越地區所特有的紋樣。溧水寬廣墩鏤孔筐腹像是篾片編成的米篩紋樣，屯溪M3:03、04、06簋腹就是較爲複雜

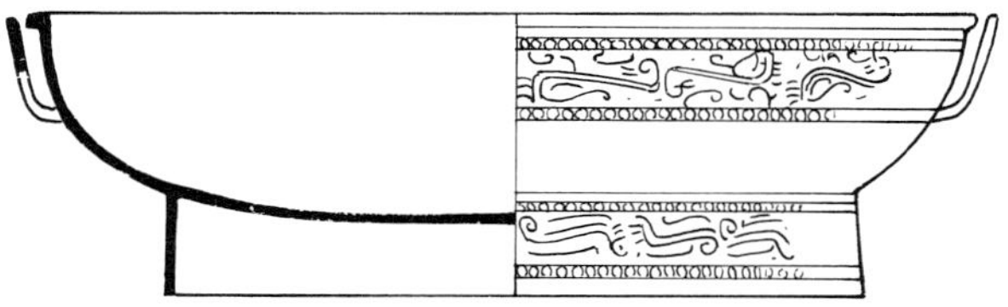

屯溪弈棋出土的變形鳥紋盤

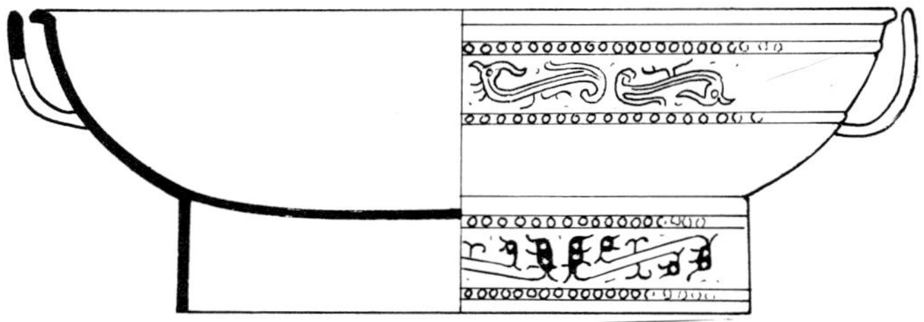

屯溪弈棋出土的變形鳥紋盤

的編織紋。

五是鋸齒紋，像鋸齒似的排列成帶狀，多用作界欄，或飾在主紋的上下，或飾在器物頸、足的上下。通常是上邊的鋸齒尖向下，下邊的向上，互相對應。丹陽司徒Ⅲ式尊、Ⅱ式簋，松江鳳凰山、紹興坡塘、武進淹城、屯溪的尊上，都可見到平雕的三角形或復線三角形鋸齒紋。中原地區青銅器上裝飾的鋸齒紋，人們常見的是裝飾在漢代青銅鏡上，但在東周時期，除吳越和南方越人地區外，尚未發現這種紋飾。

六是折線紋，是將一條較短的直線經過彎折或再折，變成矩形或重疊的人字形紋樣，這應是反映南方幾何印紋陶器紋飾的一種地區特色。丹徒大港煙墩山的角狀器、屯溪M3:13單柱器，呈尖角狀的重疊人字形，高淳顧隴下大路尊的頸和足、高淳東壩的簋腹呈矩形。屯溪M1:85盤耳上的多次彎折形，不僅裝飾在器物的次要部位，主要部位上也可見到。

吳越青銅器一些新興紋樣，多屬幾何圖形，是用各種直線、曲線構成規則的裝飾圖案。新興紋樣并不限于上述，還有一些紋樣只是使用不很普遍的就不說了。在吳越青銅器紋飾中，還有反映南方山林、水澤中常見的蛇紋和蛙紋，特別是鳥紋，似乎得到了越人的偏愛。除了上面已經提到的鳥紋外，還有在器物的蓋頂、柱首、器口等處裝飾着立雕的鳥。儀徵破山口盤沿立四鳥，丹徒大港母子墩的鳥蓋壺、鳥鈕蓋卣，銅陵的鳥鈕蓋鼎，紹興坡塘的銅屋柱頂鳥，屯溪M1和繁昌湯家山的各一對鳥飾，都是以立鳥作裝飾的。縱觀吳越青銅器的紋飾，一般地說是承襲中原的，但這種承襲是經過摹擬和改造變形的，有了一定的地區特點，至于吳越新興紋樣，更具有濃厚的地方特色。以人們日常生活和自然界中習見的事物做裝飾，正是吳越青銅器紋飾的重要風格。

吳越青銅器在鑄造方面與中原比較也有明顯的不同：一是青銅器的質量不夠穩定。中原青銅器合金中的鉛含量較低，吳越地區往往含有較大比重的鉛。吳越青銅器質量與中原相比，有的并不遜色，有的差別較大，整體水平不一，可能是受多種原因所影響。二是鑄造技術雖和中原一樣採取通體合鑄和沿用分鑄嵌入以及某些器物採用焊接、榫卯、模印紋飾等方法，但一般地是不如中原銅器那樣精良，有的青銅器表面還不加修飾，範痕粗糙。三是中原的青銅器多端

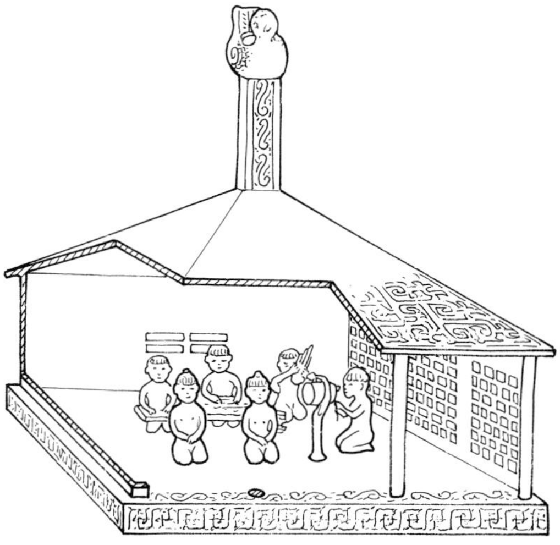

紹興坡塘出土的鳩柱房屋模型

莊厚重，吳越的青銅器多輕便精巧、胎體單薄，有的器壁的厚度僅達零點二厘米。這些可說是吳越青銅器美中不足的方面，但它有明顯地優于當時諸侯列國的方面，這就是兵器鑄造技術和青銅器鑲嵌工藝。其中尤以青銅劍工藝精湛，譽滿列國。鑄劍工藝成就，後來還表現在復合劍上，這是由兩種成分不同的銅合金鑄成的，由于外表顏色的不同，又叫作雙色劍、揷心劍。劍身用含錫較低的青銅，劍刃用含錫較高的青銅，先鑄芯條，後鑄刃口，集比較理想的強度、硬度和塑性于一體，以求剛柔互濟、結合牢固、鋒利异常的目的。實現這個要求，要分別掌握銅合金成分的比例，溶點溫度的高低，鑄範和鑄件的預熱等一系列工藝技術問題，才能取得。

吳越的鑲嵌工藝有了較大的發展，也豐富了青銅器的色彩。當時最多見、最流行的裝飾當推錯金、錯銀和錯石，這是一種新興的金工技法，其藝術特徵是用隱嵌的方法形成平面圖案或文字，文字多爲細線形鳥書。據已發現的統計，在十六件錯金銀兵器中，有吳季子之子逞之劍，王子孜戈，吳王夫差矛，越王者旨於賜戈、矛，越王盲姑劍，越王州勾的矛、劍等。其中錯金的多于錯銀，越國的多于吳國，兵器多于樂器。唯一的錯金越王者旨於賜鐘，只見于北宋《宣和博古圖錄》等著錄，實物早已失傳。錯石主要是用綠松石或其他石片裝飾在青銅器上，吳越青銅劍的劍格部位上鑲嵌綠松石的有吳王光劍、吳王夫差劍、越王勾踐劍、越王者旨於賜劍、越王州勾劍等。施于青銅容器的，有屯溪M3:2犧尊的頭部，屯溪M4:01、采2的尊腹，松江鳳凰山尊腹也留有膠粘鑲嵌物的印痕，估計也是這一類的石片鑲嵌物的遺跡。除錯石外，在劍格上鑲嵌藍色琉璃的有湖北出土的吳王夫差劍和越王勾踐劍。吳越的鑄造技藝還有一種表面處理技術，如淺層填充金屬形成的菱形紋、幾何形紋，表現在吳王光劍、吳王夫差矛、越王勾踐劍、越王州勾劍等兵器上。這種平面紋飾是在兵器初步鑄成後，再加工處理裝飾的，視之有形，捫之無垠，別具异彩。吳越對兵器進行多彩的裝飾工藝，金黃銀白，松石藍綠，把青銅器點綴得格外的光彩奪目，深受貴族王公的喜愛。使美觀與實用相結合，這爲當年吳越兵器位居列國之冠創造了重要的條件。吳越兵器上的銘文，有的似以單字模嵌入主體陶範中，以致每個字都有一個方框，植入如不平整，會在器表留下或粗或細、斷斷續續的痕跡。植入如竄入另行，會給銘文的通讀帶來一些困難。如《山左金石志》著錄的吳王夫差劍，傳爲壽縣出

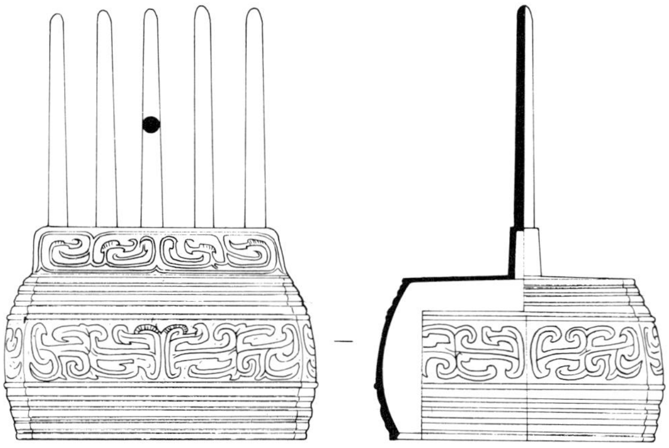

屯溪弈棋出土的五柱器

土現藏上海博物館的越王者旨於賜矛上的銘文，就是這樣。至于越（王）式矛上獸面紋（鳥翼紋）的外框，應是單紋活模的反映，也是吳越兵器在鑄造方面的又一個特徵。

吳越青銅器銘文，字體清新秀麗，結體多用縱式，行筆工整修長，線條彎曲靈動，粗細劃一，圓潤柔和，風格與楚國接近，可歸入南方系統。它的發展過程，大約先是結構細長、筆畫秀整，顯得十分華貴典雅，可以吳王光鑑、吳王夫差鑑、越王者汈鐘爲代表。在此基礎上進一步修飾發展成結構繁縟、筆畫迴環，爲春秋中期來南方所特有的花體書體，人稱「鳥書」，可以吳王子孜戈、越王者旨於賜鐘、越王勾踐劍、越王州勾劍爲代表。「鳥書」又稱「鳥蟲書」、「鳥篆」，實即篆書的變體，是一種帶有裝飾性的類似圖案文字的美術字，大多用迴環盤曲的蛇蟲形（有稱獸形）紋飾或鳥形圖案作爲附飾。「鳥書」變化豐富多樣，鳥的配搭或簡或繁，上下左右，都無定式，表現強烈的活潑自由想象力和充分的裝飾意識。「鳥蟲書」追求華美裝飾的結局，是使整體與誇飾的書風走向了極端。「鳥書」銘于越國兵器達三十多件，圖形最爲豐富，數量也最多，但這都是「王侯之物」。

吳越青銅器是具有濃厚地域特徵的，下面對吳越青銅器中一些代表性作品分別作些評介。吳國青銅器注明爲工盧的，當以傳世的者減鐘爲最早，鐘的紋飾富麗，製作精細。春秋早中期的吳國青銅器很少傳世或出土，此鐘約當春秋中期，又有長篇銘文，就顯得特別稀貴。鐘的形制、紋飾、風格類似中原諸鐘，銘文、詞匯也同于中原，爲吳國貴族習誦中原典籍的例證。吳王光鑑，壽縣蔡侯墓出土形制相同的鑑二件，口、頸和上腹滿飾羽翅紋，下腹飾垂葉紋，這是春秋晚期一種典型的變形動物紋。內壁有銘，記爲吳王光嫁女叔姬寺吁于蔡的媵器。吳蔡同屬姬姓，兩國同姓通婚，大約是從當時政治上考慮，共同對付西面強大的楚國。吳王夫差鑑，已發現的有五件，器腹兩側有一對獸耳銜環，鑑壁前後各附一立雕龍形裝飾，龍身彎曲，長尾上卷，攀援鑑口，作探水狀，形象生動。鑑腹飾羽翅紋和垂葉紋，紋飾細密。這幾件吳王夫差「自作御鑑」比起吳王光鑑是既高大壯觀，又裝飾華麗，爲春秋晚期著名王器。吳王孫無壬鼎，器有蓋，深腹，圜底，附耳，蹄形足，紋飾繁縟。腹內銘「吳王孫無壬之脰鼎」八字，無壬可能與闔廬或夫差同輩。此鼎三足稍撇，尚保持越式，而整體形制爲春秋晚期的楚式

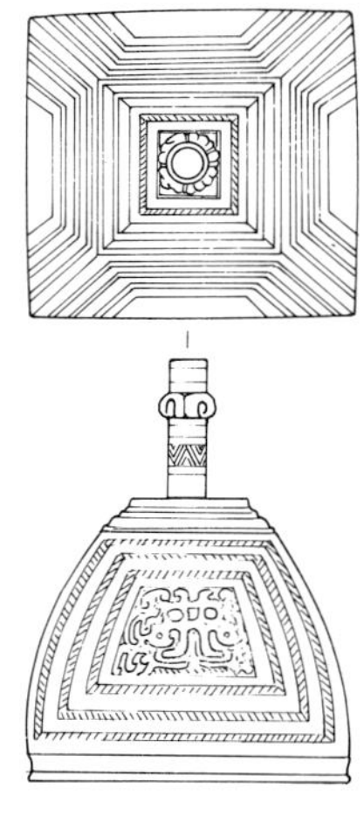

屯溪弈棋出土的鳥紋單柱器

鼎，當是吳楚文化交融的結果。吳王夫差矛，骹部短小，下端作外撇尖叉形，通體飾幾何菱形花紋，基部有錯金銘文八字，記器爲吳王夫差自作，字體簡潔剛勁，錯金金光閃耀，工藝精良，花紋美觀，至今仍是鋒利异常，可與越王勾踐劍相媲美。

沒有銘文的銅器，雖然斷代問題說法不一，但下列地點出土的一些青銅器，可認爲是吳國具有代表性的器物。丹徒大港煙墩山的一對鳳紋觥，頭如兔與器相連，二目前視，雙耳豎起，背有蓋，蓋置獸耳鈕，身後有鋬，下承四小足。腹飾鳳紋，底紋多作單線圓形螺旋紋。整體形狀是首大足小，飾紋欠流利。還有一對龍蓋盉，蓋作蟠龍，龍首昂起，頸飾獸體卷曲紋，深腹，圜底，前有管狀流，後有獸狀鋬，下置三個外撇足。這四件器物具有吳地特點，當是春秋早中期仿鑄的。

丹陽司徒的Ⅰ式鳳紋尊，大侈口，束頸，袋腹深而寬，矮圈足。頸上飾卷尾鳳紋，頸下有雛鳳紋帶，中置一獸首，腹飾顧首相對的大鳳，鳳的長冠卷曲于背翼之上，爪已變形，中置一龜。鳳紋上有S形紋帶，并以細密的螺旋紋襯地，顯示了地區特點，爲仿製中原的佳作。Ⅵ式交連紋簋，短頸，鼓腹，低圈足，口沿外卷，圈足下有一環鈕。腹飾交連紋，間以乳釘狀的密點紋，上下以圈點紋爲界欄。器無耳，較矮，爲吳越簋類中的一種新的式樣。還有一種Ⅱ式交連紋簋，口沿外卷，短頸，鼓腹，低圈足，兩側有獸形耳。腹飾交連紋，圈點紋襯地，上下有鋸齒紋爲界，足飾極細的雷紋，器體矮小，極富吳地特色。如果說煙墩山的觥、盉有較多的仿造成分，那司徒的尊、簋却有較多的地方特點，是吳國青銅器在春秋中晚期顯示地區風格的表現。

丹徒大港母子墩的青銅器是頗有特色的。如凫尊，尖喙，圓腹，昂首佇立，背負侈口尊，雙爪有蹼，形象生動，尾下有一螺旋形支柱，與雙爪形成三支點，與遼寧喀左的凫尊類似，當是仿效西周的佳作。鳥蓋壺，蓋鈕爲鳥形，首、翼高翹，似欲展翅飛去。壺體較胖，腹部隔爲四區，每區圖形并不完全一致，線條粗獷，結構隨意。腹部紋飾的上下還以圈點紋爲界。同類鳥形壺見于西周後期，此當爲仿製精品。鳥鈕蓋卣，蓋鈕作鳥形，提梁面飾圈點紋，圈足飾斜角雲紋。蓋面和器腹上部均飾細繩紋和密點紋，這種密點似聯珠排列，約是圈點紋的簡化，上

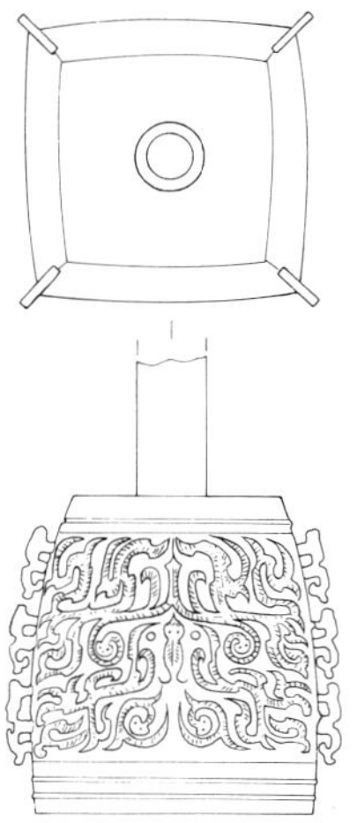

屯溪弈棋出土的蛇紋單柱器

下還有圈點紋爲界，均是強烈地域特色的表現。

丹徒諫壁王家山出土的鈎鑃和錞于，都是吳越地域性的器物，其中錞于是一組三件，大小成序，形制紋飾基本相同，頂作圓弧虎鈕，上部前傾，整體造型不等稱。腹飾一人面，兩側分別飾螺旋紋、雲紋、鳥紋。形制和紋飾別處未見。

武進淹城春秋晚期的青銅器更富有地域代表性，三輪盤的設計，別具匠心，集盤身、車輪于一體，盤底的淺圈足下設三輪，均可轉動行走，此盤在製作過程中使用了澆鑄、焊接、榫卯、組裝一整套工藝技術，器體輕巧，使用靈便，造型活潑，結構新穎，地區特色濃厚，爲盤類中的獨特創造。犧首匜是一件造型奇特的器物，採用匜、簋合體的方法，器身如簋，前有獸首流，後有豎置的扁平扇狀鋬。獸首飾折線幾何紋，頸部和器身飾細密的垂鱗紋，道地的吳越文化風格。淹城還出土棘刺紋尊，腹部鼓出成豐滿的扁球形，滿布密集的棘刺紋，腹、頸、足還以圈點紋、鋸齒紋爲界。這是典型的吳越兩國共有的尊式。

丹徒北山頂還出土鳩杖，現存首、鐓兩部分，首端有立鳥似鳩，腰有箍棱；鐓的箍棱和飾紋與首的部分相同，惟末端有一跪坐人物。箍棱飾極細的交連紋。類似的鐓還見于吳興埭溪和紹興灕渚，杖的造型別致新穎，爲春秋晚期吳越青銅器中的罕見珍品。

越國的青銅禮樂器少于青銅兵器，其中著名的有傳世的者汈編鐘，見于著錄的有十三件，大多流出國外。紋飾精麗，裝飾性強，以蟠龍爲主題，平雕淺鏤，有蟠曲翻飛之勢。合十三件，知全部銘文應有九十三字，記者汈父的訓勉之辭。鐘的形制、紋飾華夏化，所用詞語常見于中原典籍，可見越國此時的貴族子弟誦習中原文化禮教的深度。鐘約鑄于越王勾踐十九年（公元前四七八年）。一說鐘銘爲越王翳告誡其子之詞，時在越王翳十九年（公元前三九三年）。越王勾踐劍，劍身滿布菱形花紋，寬劍格用藍色琉璃和綠松石鑲嵌花紋，莖爲圓柱體，無箍有首，首外翻呈圓盤形，內鑄有十一道極細的同心圓圈紋。劍格前方有鳥篆銘文八字：「越王鳩淺，自作用鐱。」劍鍔鋒芒犀利，寒光逼人，光澤悅目，不愧是東周名劍中的精品。

越國除樂器、兵器外的青銅器，可以屯溪和紹興坡塘的一些器物作爲代表。屯溪青銅器頗

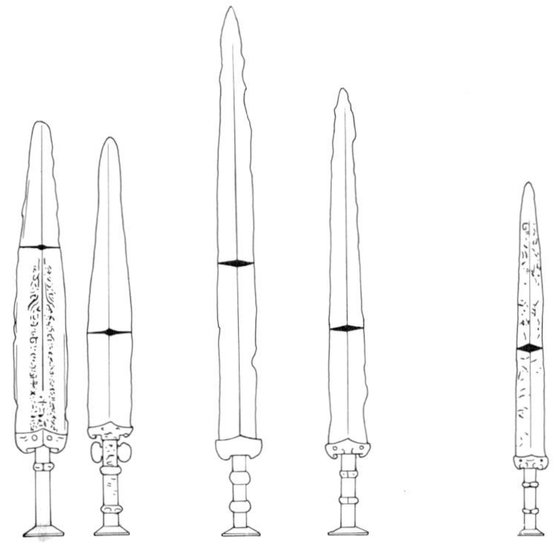
屯溪弈棋出土的劍

有特色，如鳳紋方鼎，體方，腹似方斗，平底，口沿立一對扁平方耳，四足短小，截面爲半環狀。腹飾對鳳紋，但無地紋，并在腹部縱横兩面的鳳紋前下方分別飾大頭長尾的獸形和形似倒置的長撇點符號形，風格迥异。百乳雷紋簋，低體寬腹，低圈足，雙耳置鏤空扉棱，腹部的乳釘低矮，外套四五道極細的菱形方格地紋，頸和足飾交連紋。此簋十分精美，又有顯著的地域特徵。編織紋簋，這也是低體寬腹雙耳圈足式簋，獸耳垂珥，腹飾多道横竪平行線條組成的編織紋。此簋集中原的耳式和吳越的簋式以及江南的幾何紋于一體，南北合璧，別有風貌。鳳紋卣，器形顯係仿自中原，但造型略顯臃腫，多處紋飾有別于中原，如鳳紋簡化，雲雷地紋草率隨意，對鳳紋中間插入變形獸等，都是地域特色的表現。變形獸紋盤，器體低矮，圓口，淺腹，圈足壁直。雖有長方形附耳，但兩耳靠近盤腹，隙不容指，高不過口。整體器形和腹、耳、足上的紋飾地域特色濃厚。

紹興坡塘的龍首提梁青銅盉，盉身呈扁圓形。提梁作龍形，前端有龍首浮雕，上有扉棱。彎曲的管流嘴作立體透雕龍首，結構極爲複雜。覆盤式頂蓋，蓋面飾菱形幾何圖案爲地，上塑立雕龍十一條，犀、象、虎、鹿等獸十六隻。盉腹飾三角形雲紋和菱形紋，界以四道繩紋。鋬部飾大扉棱，三足作蹄形。全盉除立雕的龍、獸外，還有各種獸紋多達五十六條，裝飾華麗，花紋細膩。提梁盉在南方出土較多，但像此盉有這樣的極高藝術形象是罕見的。銅房屋模型，屋形爲三開間，明間略寬于次間，平面呈長方形。屋前敞開，屋內不作分隔，正面無牆無門，立有圓明柱兩根，左右兩側牆壁透空，後壁的正中偏上方開有小窗，屋頂作四坡攢尖式，上立一八角形空心柱，柱頂塑一鳥。屋內跪坐六人，作撫琴、吹笙、擊鼓活動。室內無日常的生活用具，可能是一處公共活動場所。製作精巧，比例適度，是一件難得的藝術珍品。人形足方器座，由插柱、座體和墊脚三部分組成。插柱上爲八角體，下爲四面體，四面各飾交龍兩條。座體上爲盝頂，下爲方形，四面陰刻寬體鳳紋。墊脚爲四個人體跪像，雙手和兩膝着地，挺頸昂首，雙目前視。結構考究，紋飾華麗。

吳越文化區域內，還出土一些具有地方風格的青銅器。繁昌湯家山的龍鈕蓋盉，蓋頂的蟠龍昂首前視，肩和腹飾獸目交連紋，斜長管流飾折線紋，圓拱蓋，圓鼓腹，造型靈秀，圓潤別致。南陵綠嶺的龍耳尊，大口，圓肩，兩側飾一對大型龍耳，耳高幾達通高的四分之三，龍首置雙角，張口外向，龍身飾鱗紋、折線紋、S形紋，肩飾獸體卷曲紋，腹作橫條紋，足飾不甚工整的雲雷紋和幾何紋。青陽廟前也出土這類尊，它們都是春秋中晚期吳越文化區域的產物。

二

湖南、廣東和廣西的「百越」地區青銅器狀況，隨着近幾十年來田野考古資料的積累，特別是六十年代以來以隨葬青銅器爲顯著特徵的南方古越人墓葬的陸續發現而越來越清晰。湘、粵、桂三地青銅器主要散布在下列地區：湖南的湘江流域，廣東西部和北部的西江流域和北江流域，廣西東北部和中部一些地方。這裏出土一大批青銅器，其中一部分青銅器的形制、紋飾和銘文，均與中原地區青銅器一致，應來自中原地區。另一部分青銅器，有濃厚的地方特徵，應是受中原文化的影響而爲當地土著民族鑄造的器物，從形制、紋飾和發展延續方面來看，文化面貌有相當多的共同處，可歸屬同一的文化區域㊷。湘、粵、桂三地的青銅器，大多是鼎和兵器以及生產工具。鼎類的一般形制是器體較小，胎壁顯得輕薄。鼎的立耳或附耳有方形豎耳、小環形耳和長環形附耳；鼎腹有垂腹和弧腹；鼎底有圜底和平底；外撇三足或近于底部邊緣或內聚于底部，足形有半管形、錐形和扁瘦修長形的。鼎耳和鼎足顯示了古越人的獨特風格，兵器類的戈和矛，大多與中原的戈、矛形制相同，劍多爲扁莖劍和圓盤首有格劍，其中部分與中原和吳越的劍式相同。具有濃厚地區特色的兵器是鉞，它有風字形、扇形、凸字形、雙肩形、靴形等，爲中原和吳越以及江漢地區所未見。其他較有特色的典型青銅器尙有刮刀、人像裝飾匕首、柱形器等。和吳越的青銅器情況一樣，這裏也有摹擬仿鑄的，如羅定南門垌的鼎，清遠馬頭崗、恭城秧家和肇慶松山的罍，四會鳥旦山和羅定南門垌的三獸足提梁盉，衡山霞流和恭城秧家的垂腹尊，羅定南門垌和背夫山的三矮足雙耳鑑，湘潭金棋村、岳陽筻口和武鳴馬頭的提梁卣等，這些器物的形制大多是受中原、吳越或楚國的影響仿鑄的。然而，也有是外地傳入的，如衡南胡家港的扁圓環鈕蓋簋和盤口扁足异形盉應是中原或江淮地區傳入的器

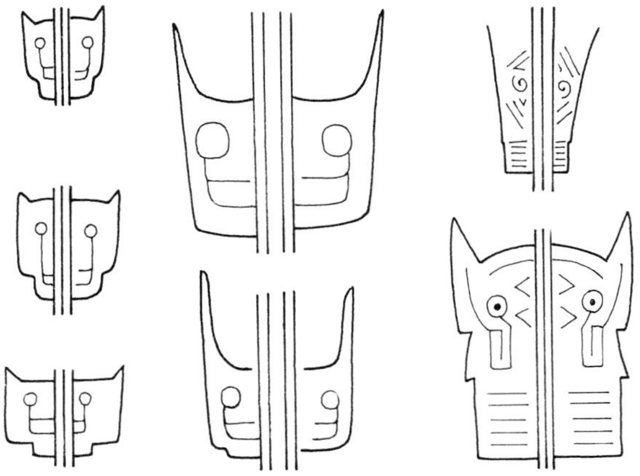

越人兵器上常見的獸面和變形紋飾

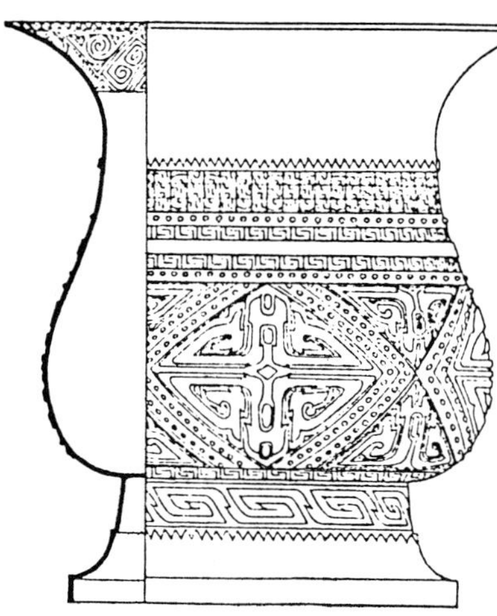

恭城秧家出土的變形幾何紋尊

物。這裏的青銅器紋飾，總的形勢是趨向簡單，既不如中原繁縟，也比吳越地區遜色，主要紋飾一般採用中原常見的龍紋、鱗紋、火紋等，由于模仿，或簡化，或變形，甚至有的紋飾難以辨識，如管狀紋和串珠幾何紋等。有些南方常見的動物，如蛇、水鳥、蛙、鱷、蟹、龜等，也鑄飾在青銅器上。越人兵器中常見的變形獸面紋，有稱爲「門字紋」或「盾形紋」的，在南方，這裏比吳越地區常見的圖形變得較爲寬闊低矮。越人地區常用的幾何形紋，如短直線、短斜線、曲折線，也成了青銅器上的輔助紋飾。上述紋飾既表現了湘、粵、桂地區青銅文化的特色，又反映了中原文化和地方文化的融合。這裏的青銅器鑄造，與形制方面一樣，也源于中原，只是不如中原和吳越青銅器的鑄造精緻，顯得粗糙簡陋。

湘、粵、桂三地出土的青銅器，雖有較多的共同之處，但由于彼此間地域和族屬的不同，以及發展時間先後等因素的影響，在青銅器的特徵上存在差异，這種差异也可說是三地青銅文化的特徵。

湖南地方的青銅器在西周及以前的與中原有較多的共同點，約從兩周之際出現具有地方特徵的青銅器，器類有炊器、容器、樂器、兵器和工具等，器形有鼎、尊、卣、鐘、戈、矛、劍、鏃、匕首、鉞、斧、鑿、刮刀等。其中以「越式鼎」、扁莖劍等最爲顯著[43]。鼎的式樣較多，多爲實用器，形體一般較小，胎壁不厚，不如中原鼎體大渾重，顯得輕薄。資興舊市出土的侈口、圜底、垂腹或直腹的高足鼎，是春秋時仿鑄的「越式鼎」，稍後，衡南等地出現一種立耳盤口鼎，口下爲短頸、圓腹、三足外撇，也是一種「越式鼎」。這種出土數量較多，三足扁瘦外撇的鼎，就成爲土著器物的重要特徵。劍類中較爲突出的是一種形體短小的扁莖劍，扁莖無格，斜肩或方折肩，中脊隆起，莖上多有圓孔，有的附有劍首，爲湘、粵、桂地區常見的短劍形式。其他還有數種形式的鉞和尖刃上翹的刮刀等，都是具有地域特徵的器物。「越式鼎」的紋飾也不似中原繁縟，早期以紋帶爲主，多飾于器腹，後來多見于器蓋，然而也有素面。紋飾主題多西周常見的龍紋、火紋、雷紋，由于是模仿、變形，變得似像非像。主紋外多輔以當地土著民族的幾何形紋飾，如直線紋、曲折紋等。大約在春秋中期前湖南地方青銅器有較多的中原文化因素，春秋中、晚期後逐漸增加了楚文化的因素，秦統一六國後，地

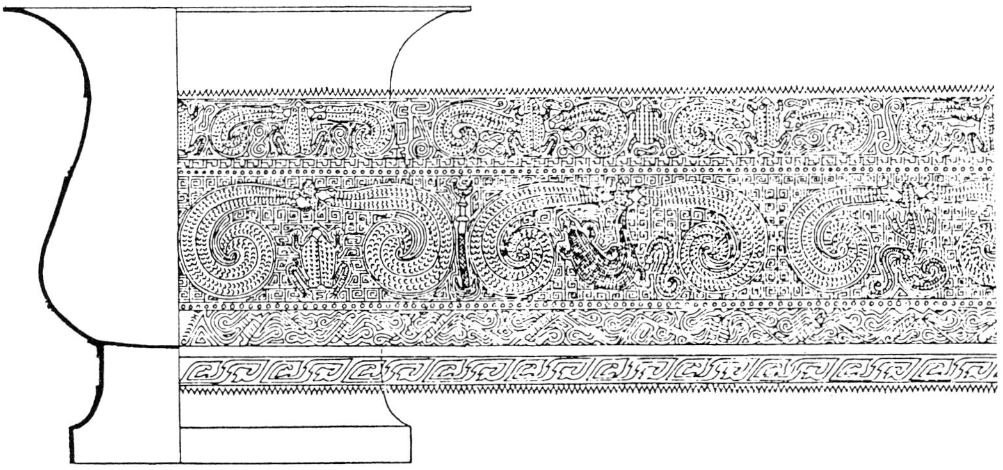

恭城秧家出土的蛇噬蛙紋尊

方特徵消失。

廣東地方的青銅器，主要有炊器、容器、樂器、兵器、工具等，器形有鼎、罍、鑑、缶、盉、鐘、劍、矛、鏃、匕首、鉞、斧以及刮刀、人首柱形器等[44]。從青銅器的造型、紋飾特徵分析，可分爲三種類型：一是少數器物與中原地區同類器物的形制相同，或形制雖同但紋飾等却是地域性的。如清遠馬頭崗的罍，爲中原形制或係當地仿製，信宜松香廠的盉，其紋飾和鑄造方法應是春秋時越人仿造中原的器物。又如戈，多仿製或中原傳入的。二是有相當數量的器物與長江流域同類器物的形制相似。如羅定、四會、德慶等地的鼎，造型簡樸，鑄工較粗，器身大多光素無飾。鼎多立耳，或盤口，或垂腹，尖足外撇，同屬長江中下游地區的「越式鼎」。如清遠、羅定、惠來、博羅等地的鐘，有單個或成組出土，成組出土的往往雜湊成編，鐘的形體多瘦長，有的器小壁薄，形制、紋飾不工整，與湖南的一些鐘相似，明顯地帶有地域文化色彩。其他如羅定南門垌的尊缶、清遠馬頭崗的浴缶，其形制含有楚文化的因素。三是地方文化色彩濃厚的器物。如羅定南門垌和背夫山的鑑，器爲平底，或無耳，或底下加三小足，或腹飾變形的地方性花紋，不見于其他地方。在武器和工具類中，如羅定、四會、佛崗、清遠等地出土的劍，有長有短，除少數圓首、圓莖、有格的長劍外，多扁莖短劍，清遠、羅定、四會等地的矛，多雙葉形矛，清遠、羅定、四會、德慶等地的鉞多風字形、扇形、雙肩形、靴形鉞，清遠、羅定、四會的斧以及刮刀等等，其形制雖然與湖南土著民族的流行式樣一致，但出土數量較多，在青銅器中占有重要的地位。矛、劍、鉞、斧和刮刀上往往飾有「王」字形等符號或雲雷紋，這也是具有地方特色的重要標志。其他還有人首柱形器，僅見于廣東和廣西兩地。廣東青銅器早期數量很少，發展時間比湖南要晚些，約在戰國時進入發達階段，出土的數量和種類都多起來。它是在中原文化和長江流域的吳越文化和楚文化的相互影響下發展起來的。

廣西地方的青銅器與廣東大體相同，也有炊器、容器、樂器、兵器、工具幾類，器形有鼎、罍、尊、鐘、戈、矛、劍、鉞、匕首、鏃、斧、削、刮刀、人首柱形器等[44][45]。廣西青銅器從造型、紋飾等方面分析，大致有兩類：第一類是在器形和紋飾以及銘文方面與中原商周青銅

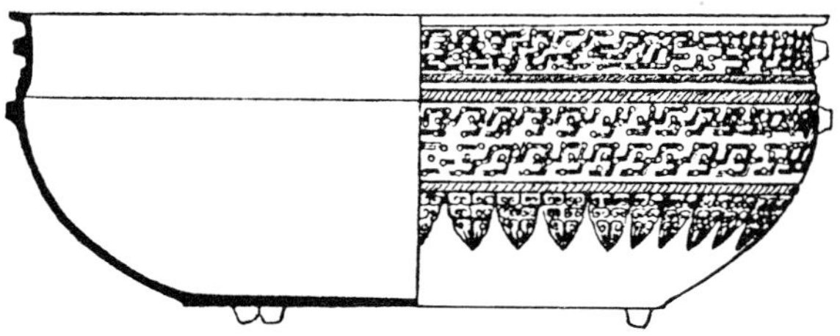

羅定南門垌出土的變形獸紋鑑

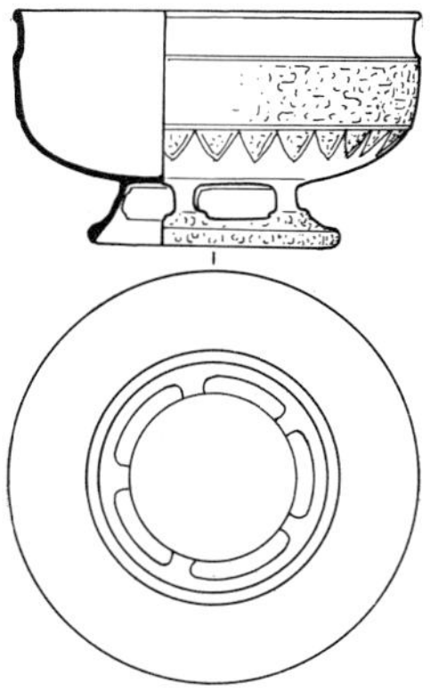

紹興坡塘出土的徐王元子爐

器的風格一致。如武鳴全蘇、興安出土的獸面紋卣，忻城大塘出土的乳釘紋鐘。第二類是具有明顯的地方色彩，這又可分爲兩種情況，一是器形與中原基本相同，不同的是紋飾方面的地方化，如恭城秧家的蛇蛙紋尊和幾何紋尊，賓陽涼水坪的櫛齒紋鐘，橫縣鎮龍的浮雕飾鐘。二是爲南方當地所特有，這部分青銅器以外撇足的「越式鼎」和一些小件器物爲主要代表，如各種形式的矛、劍、斧和鉞等兵器和工具。廣西的青銅器還有以下的特點：（一）廣西青銅文化也是在中原青銅文化影響下產生的，但發展緩慢，約到戰國時青銅器種類增多，地方特色明顯。這裏的青銅器既有中原和吳越文化系統因素，又有濃厚的土著特色，幷雜揉了周邊楚和滇等文化因素，這種情況，大約延續到西漢初年。（二）廣西青銅器多爲本地鑄造的小件兵器和生產工具。其中矛和劍、斧和鉞占有重要的地位，爲當時成年男性隨身攜帶的必備武器和工具，是地方生活習俗和社會生產風貌的反映。（三）廣西青銅器與廣東青銅器更接近，從一般器物形制、紋飾到具有南方特色的器物，如「越式鼎」、劍、矛、斧、鉞、刮刀、人首柱形器等等，兩地基本一致，應同屬一個文化類型。

南方越人地區青銅器中的一些代表作品，也是極爲精美的。如衡山霞流的蛇紋尊，侈口，短頸，深垂腹，圈足。口沿鑄十幾組兩兩昂首相對的蛇群，尊頸飾三角形紋，頸下飾橫S形紋，腹飾群蛇糾結圖案和鉞形條框，圈足飾雷紋，頸、足處還有鋸齒紋作界欄。此尊形制仿自中原，紋飾洋溢着南方的生活氣息。恭城嘉會秧家的蛇蛙紋尊，器形小巧，侈口，鼓腹，圈足，腹部最大直徑偏下。頸部和腹部均飾四組，每組均爲兩蛇拱一蛙相鬥紋，腹部的蛇頭高高昂起把青蛙頂離器壁，形成立體塑像。在蛇蛙的間隙，還有其他動物和劍、鼓等圖形，幷以雲雷紋、折線紋、點狀紋相襯，頸、足紋飾的上下有鋸齒紋爲界。紋飾繁縟，主題鮮明，利用適合紋樣的構圖與器物造型相結合，取得了較好的裝飾效果，從而引起人們對蛇蛙相鬥的主題產生各種遐想。湘潭金棋村的動物紋提梁卣，器形高大，蓋較平，上有四阿形鈕和扉棱。頸側置龍首提梁，鼓腹下垂，圈足。腹部紋飾以蛇紋爲主體，雜以青蛙、鱷魚和雙肩鉞形，計有各種動物三十六隻，多南方傍水爲生的動物，聚集于一個整體圖案中間，幷在一些動物身上飾南方流行的曲折紋。卣的胎體甚薄，厚僅零點二厘米，內壁隨着外壁花紋部位的上凸而上凸，這種工藝技法，當是仿自中原的商周。此卣紋飾精美華麗，地域特色濃厚。衡陽和岳陽筻口等地也有類似精緻的卣。至于南方土著民族迄今還沒有發現有銘文的青銅器，這大約與社會、經濟和文化發展有關，因而這裏的青銅文化不能與中原甚至也難以與吳越的青銅文化同步發展。

三

南方地區出土一種青銅樂器，稱爲鐃，也有稱爲鏞或鉦。形體一般是合瓦狀，成扁體的共鳴箱，似鈴而大，口凹，兩側尖銳，下有柄，柄中空，可植于座。目前見于報道的約有五十餘件[46]，大的高一百多厘米，重二百多公斤，小的也有高二三十厘米，重一二十公斤，有的含銅量高達百分之九十八。據推測，這應是一種打擊樂器，或用于軍旅，或用于祭祀宴享。鐃大多出土于長江中下游及以南，其中湖南最多，達三分之二，其次出土地有江西、浙江、安徽、湖北、廣東、廣西、福建、江蘇等地。按鐃的紋飾、形體可分爲三類：一是變形獸面紋鐃，甬部有旋，形體高大、厚重，紋飾繁縟；二是雲紋鐃，主紋用雲紋組成獸面，兩目凸起，往往以圓珠紋作地紋，甬部有旋或無旋，有的形體較小；三是有枚或乳釘鐃，形體較小，有的雖仍以雲紋爲主，但趨向簡樸。較爲著名的是寧鄉的變形獸面紋鐃、象紋鐃和虎紋鐃。從出土情況看，大多出自窖藏，多爲單個出土，位置往往在山頂、山麓、河邊，很可能是祭祀山川、湖泊的遺物。關于鐃的時代問題，與名稱一樣，也存在不一致的看法，有商晚、西周和春秋幾說。從鐃的形制、大小和出土情況看，顯然與中原地區出土較小的、成組的商鐃是不同的。鐃上的變形獸面紋與商晚、西周的獸面紋或變形獸面紋，鐃上凸起的目紋與商、周常見的獸面紋兩目，均不是同一的風格，某些紋飾又具有吳越地區紋飾的特點。由此看來應繼續探索它的來源和演變情況。鐃的產地在南方，它是具有南方地區特色的青銅樂器，應是沒有疑問的。

四

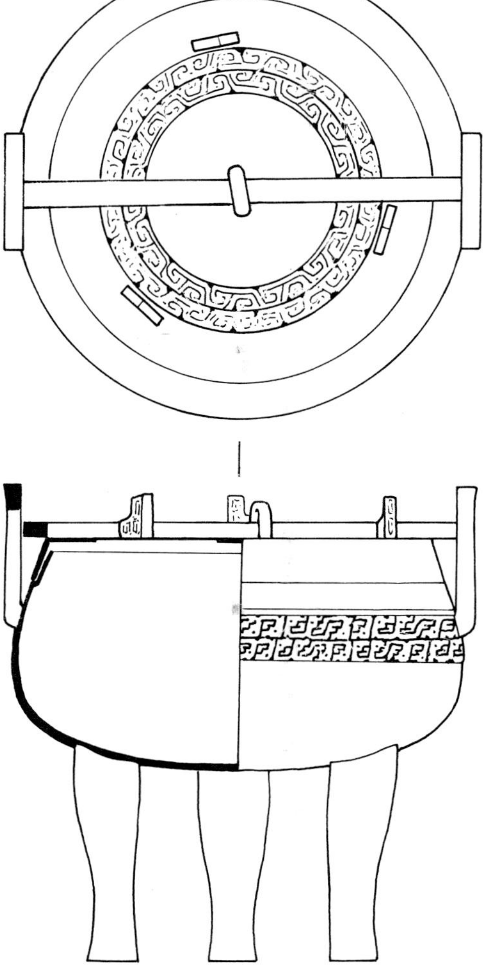

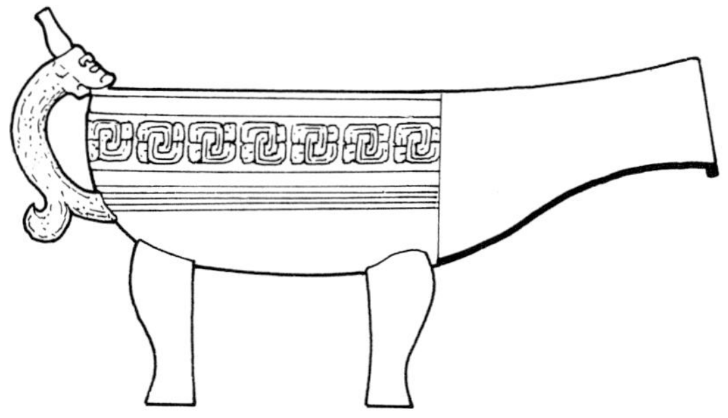

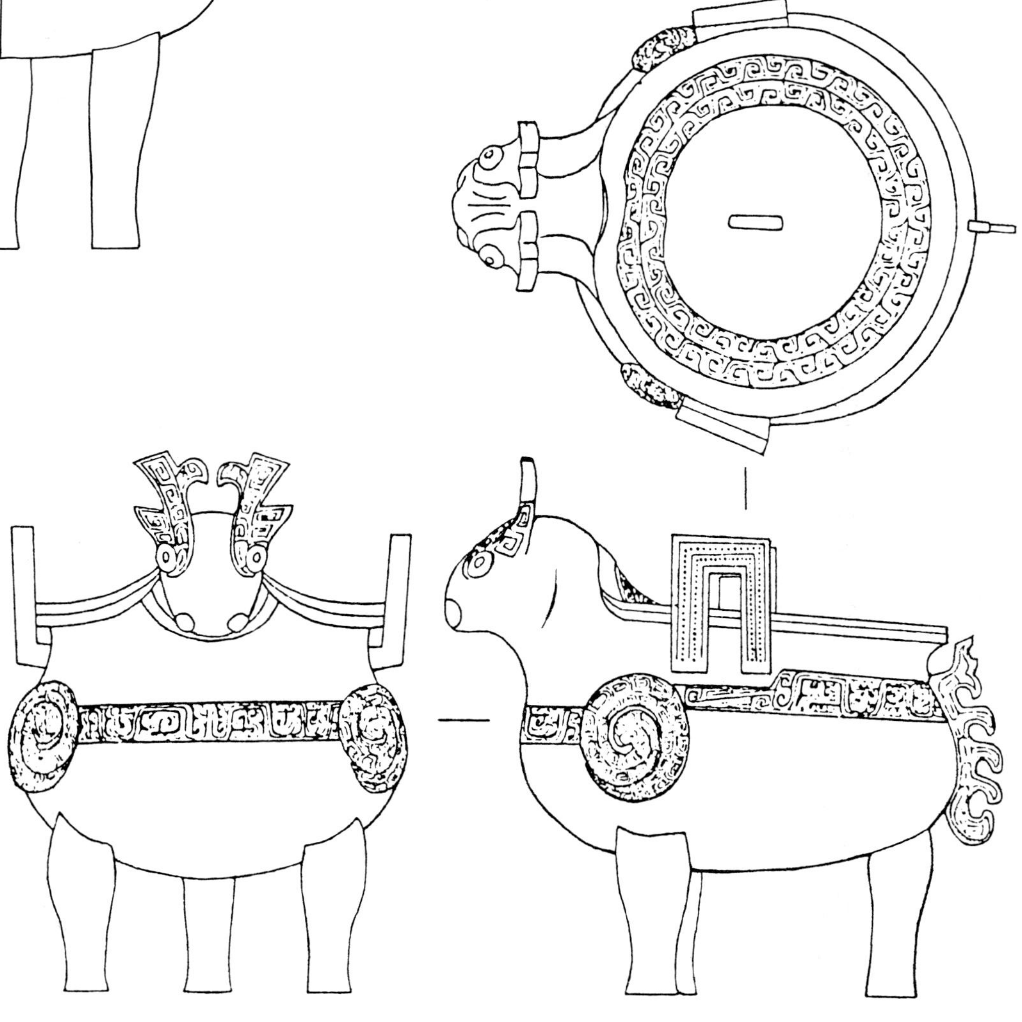

懷寧楊家牌出土的交龍紋匜
舒城鳳凰嘴出土的獸首鼎
舒城鳳凰嘴出土的交龍紋鼎

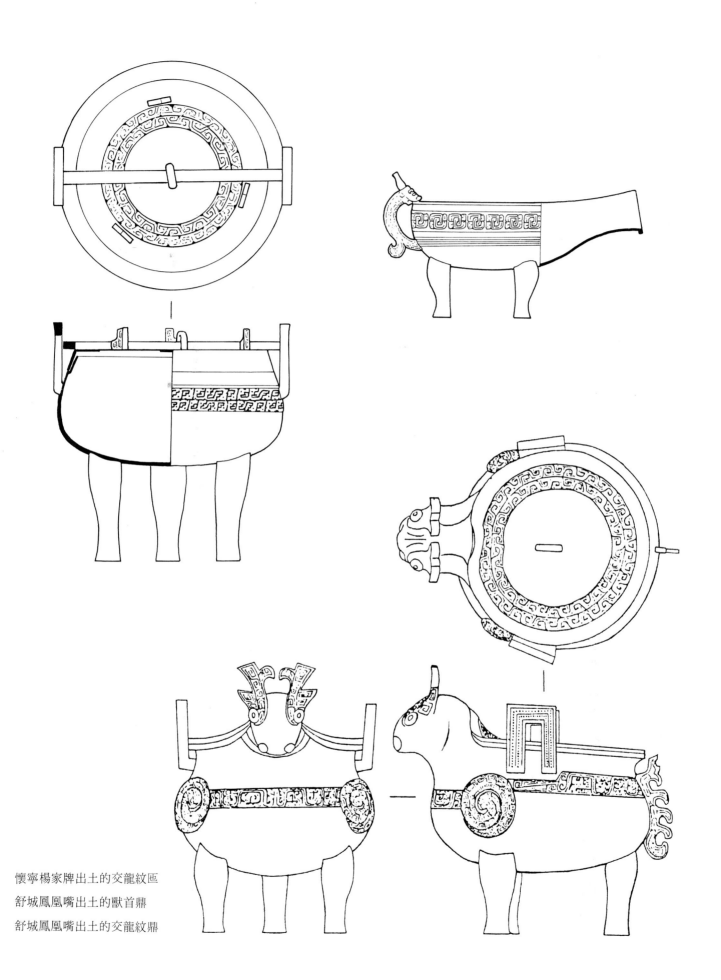

徐國早在西周時期就很強大，《後漢書．東夷傳》：「後徐夷僭號，乃率九夷，以伐宗周，西至河上。」因受周王朝及其封國的屢次征伐，逐漸由山東一帶南遷到淮河一帶，春秋時期仍爲淮河下游的大國，地處齊、魯、宋、楚、吳諸國的交爭要地，夾在吳、楚兩大國中間，日漸削弱，公元前五一二年被吳所滅。春秋時期，吳楚之間還有許多小國，稱作群舒，地處大別山東麓的江淮之間，他們的活動時間處在春秋早期到晚期。據《春秋左氏傳》，公元前六五七年「徐人取舒」，四十二年後「群舒叛楚」，從這以後大約一百多年的時間裏，被楚、吳兩國從東西兩面各個吞滅。舊說徐、舒同源，或說群舒是徐的別支。徐國的青銅器有銘文作證，群舒的青銅器尙無銘文可證，但分布在一定的區域內，幷有自己的特點，這裏將二者區分叙述。

徐國青銅器，在淸代到民國年間的有關著錄中即收有儔兒鐘、徐子旃鐘、沇兒鐘、徐王糧鼎和糧王之孫宜桐盂等，然大多不淸楚它的具體出土地點。知有確切出土地點的有光緒十四年（公元一八八八年）江西高安出土的徐王𤔲又耑、義楚耑、徐䛄尹鉦㊼，一九六一年山西侯馬的庚兒鼎㊽，一九七三年湖北襄陽的徐王義楚元子劍㊾，一九七八年湖北枝江的𠂤大子鼎㊿，一九七九年江西靖安的徐王義楚盥盤、徐令尹爐盤(51)，一九八二年浙江紹興的徐𤔲湯鼎、徐王元子爐㉞等。引人注意的是這些徐器都不是徐國故地出土，而是遠離徐國故土的晉、吳、越、楚的墓葬或窖藏中所出。相反，在徐國故地至今還未發現有徐國青銅器或一座可以確指爲徐國的墓葬。徐國的青銅器自淸迄今發現的約二十餘件，計有鼎、盂、耑、盥盤、爐盤、鐘、鉦、戈、劍等。鼎可分爲三種形制，一是立耳外侈，腹較淺，圜底，蹄形足，三足內聚，如𠂤大子鼎、徐王糧鼎。二是附耳，深腹，圜底，矮蹄足，如庚兒鼎。三是肩立雙耳，有蓋，直口，圓腹，蹄形足，形制與楚、蔡等國的湯鼎類似，如徐𤔲湯鼎。盂的器形失傳。耑爲敞口，身細而長，束腰，圈足，橫剖面呈橢圓形，體形如觶。耑和觶實同一物，可能是古代聲音變化的區分。觶爲酒器，西周晚期時極爲少見，春秋晚期的徐國再度出現。爐盤，有的與銅料同出，爐盤的環座上有小足支撐。襄陽蔡坡的徐王義楚元子劍，寬格上鑲嵌銘文，形制、技法與越國的劍一致。徐國青銅器的主要紋飾有龍紋和交龍紋，其次是火紋、蟠蛇紋、蟬紋、聯珠紋、三角形紋等。如庚兒鼎的龍紋，單元紋樣作方形，龍的首、頸方折，口似吐舌，體軀很短，與相鄰的單元龍紋顛倒反置，這種龍紋也可稱爲龍首紋。余大子鼎和爐盤的交龍紋，兩龍的尾部相交，龍頭各居一角，體軀較長，組成一個比龍首紋較大的方形單元。余大子鼎的耳上飾聯珠紋，實是一種圓形內凹的圓窩紋，與江淮間群舒的青銅鼎耳的紋飾是一致的。徐國青銅器中較爲重要的器物有庚兒鼎，同時出土二件，附耳，大口，窄沿，深腹，圜底，蹄形足。腹飾二層龍紋，間隔以綯紋，耳亦飾龍紋，腹內壁有銘三行二十九字，其中一鼎缺一字，庚兒當是徐王庚即位前的自稱。徐𦙶鼎，覆盤形蓋，直口，圓肩，圓腹，平底，三蹄足，肩有環耳，蓋頂有雙首獸形小鈕，并套鑄絞絲紋圓環，中心鈕外另有三個鳳形立鈕，蓋面從中心鈕向外爲四重各種變形獸紋帶，腹飾火紋、三角形蟬紋，紋飾纖細繁縟，極爲精密，蓋和器同銘四十四字，記徐𦙶自作湯鼎。徐王義楚盥盤，大口，廣腹，平底，頸部有兩扁平獸狀附耳，口沿內外飾纖細規整的雲雷紋，頸部飾星點狀蟠蛇紋，頸腹處有一周綯紋和雲雷紋，腹下至底飾橫條紋，耳飾獸面紋和雲雷紋。盤內底有銘二行十二字，爲徐王義楚自作盥盤。徐令尹爐盤，由盤體、底座和環鏈耳三部分構成，盤直壁，平底，外側有對稱的環鏈狀提耳，底座爲環形，其上置獸形十支柱，獸嘴銜着環形底座，獸身上翹，尾承盤體，器表滿飾交龍紋，環座與支柱均飾繩索狀紋。盤內底銘十八字，記徐國的令尹者旨𦣞自作爐盤。徐王元子爐，器形較小，廣口，平沿，束頸，鼓腹，爐底爲五條蟠蛇倒立于圓環狀底圈上，側視猶如鏤孔的圈足，腹飾變形獸紋和三角形垂葉紋，內底有銘十字，記爲徐王元子所作燃爐。沇兒鐘，鈕缺，于平，舞部飾兩頭龍紋，鼓部飾交龍紋，銘文在鉦部和鼓部兩側，共十七行八十二字，記徐王庚之子沇兒作，文體修長優美，爲徐國金文書體的代表作品。儯兒編鐘，傳世共四器，舞、篆、鼓部各飾變形獸紋，全篇銘文爲十九行七十四字，記儯兒爲義楚之良臣，鑄此龢鐘以追孝先祖樂我父兄，此鐘歷見諸家著錄，是著名的徐器。

在長江下游蘇皖交界的大江南北地區出土一種青銅三足匜，流下有一乳釘，環鋬上置扇形片，製作精緻，具有地區特色，疑與徐的文化有關。

群舒的青銅器，是一九六四年舒城鳳凰嘴發現的[52]。從一九七一年到一九八九年間，以舒城爲中心，東到廬江，西到六安，南越桐城到長江沿岸，北跨合肥到壽縣北面的淮河南岸，又發現有十多處土坑小墓葬，出土七十餘件青銅器，我們認爲是群舒之器[53]。群舒青銅器的組合，主要有鼎、簠、异形盉、⿰金詹、盤、匜，其中數量最多的是鼎，依次是盉、⿰金詹、盤、匜。鼎的形制一般爲侈耳或附耳，圓口，鼓腹，圜底，蹄形足。鼎有平蓋，狀如圓平板，對應耳根處有凹口可卡住防止滑落。有的蓋沿邊緣下折似裙，反置如盤，蓋面附有銅扃，即穿過蓋鈕，長度僅達兩耳中間的銅棍。平蓋的鼎腹較淺，盤形蓋的鼎腹較寬。鼎類中較爲特殊的是獸首鼎，鼎前腹上方伸出一獸首，首上有犄角，圓目，獸首內空與鼎腹聯接，獸嘴無孔，不起流的作用。附耳，有蓋，蓋翹起與獸首頸部相扣合。蹄形足，兩前一後。此種形制特殊的鼎在舒城的鳳凰嘴、五里、河口，桐城城關，懷寧楊家牌，廬江岳廟共出土六件，形制相同，只是大小、紋飾和製作精粗略有不同。群舒故地以外，目前尚未發現同樣完整的獸首鼎。此外，壽縣的魏崗還出土一件羊首鼎，大約也是同屬這一類。簠的形式不多見，斂口，有子口用以承蓋，蓋拱形，蓋頂有喇叭形圓握，腹中部外鼓，圓腹兩側置圓環耳，低圈足。异形盉，出土數量僅次于鼎，形制與常見的盉不一樣，盉的上部較矮，呈斂口鉢式或侈口盤式，個別的有蓋。盉的下部均呈鬲式三足，腹置短流，流側置鋬，鋬有兩種式樣：一爲圓管狀，分兩段，段間用它物嵌塞連接，有穿孔以便用釘固牢，上段向上漸細，內卷如鉤；一爲長圓筒上曲，頂作冠首獸，獸首回視盉口。此類盉腹部設流，容量較小，推測其功用與常見的盉是不一樣的，疑與當地人的飲食習俗有關。⿰金詹的器形略成圓球狀，圓口，折沿，低領，廣肩，上腹置對稱半圓形環耳，平底，有折邊平蓋，蓋頂置環鈕，器形較爲罕見。盤有兩種形式，一種是器形較大，敞口，方唇，淺腹，附耳，圈足，爲常見的盤制；一種是器形較小，直口，淺腹，腹壁圜收，口緣外壁有對稱而較淺的方形凹槽，腹有環形鼻鈕，腹下有較矮的假圈足，形制少見。匜爲常見的長槽流，曲緣，獸首鋬。其中三蹄形足匜的形體高大，在隨葬的青銅器群中顯得突出。

群舒的青銅器紋飾，常見的有兩類，一是幾何形的弦紋、直條紋、V形紋、凹窩紋、雲雷紋，二是表現動物及其局部的蟠龍紋、龍首紋、交龍紋、變形獸紋、獸目交連紋、鳳紋、鱗紋、蟬紋，出現頻率較多是交龍紋、龍首紋、變形獸紋和凹窩紋。蟠龍紋，形體較小，無角，小頭，身飾鱗紋，難辨是龍還是蛇。龍首紋，只具頭部和很短的頸，首、頸方折。變形獸紋，中有一目，兩側各有一長一短的軀體。凹窩紋，平面上作凹下的圓窩，窩不甚圓，也不成聯珠形，或横或豎或聚成一片，僅飾于器物的次要部位。

將群舒與徐國的青銅器相比較，有部分青銅器的形制與徐國的佘大子鼎、徐王糧鼎相近，紋飾中的龍首紋、交龍紋和凹窩紋與徐器的紋飾類似，其他較少有共同之處，這大約與徐器的全貌不明有關。湯鼎當和徐或楚有一定的關係，簠和楚墓的銅簠相近，平蓋鼎和覆盤形蓋鼎近似齊國的鼎制，這些應是群舒受周邊國家影響所致。群舒青銅器尚未發現銘文，只有一二個圖形，可能是小國的社會、經濟和文化進展的局限反映吧！

吳越爭霸是春秋霸權爭鬥的尾聲，這兩個曾被中原列國視爲「蠻夷之國」的小國，雖然在經濟方面有高度的發展，但在青銅器的發展方面，却是起步較晚。吳越西周時期的青銅器罕見，春秋早期的也不多，春秋中期後形成自己的特點，到了春秋晚期，地域特色濃厚，給人以清新、秀麗的感覺，有着獨特的風格。無論是青銅冶鑄、鑲嵌技藝、器物造型、花紋裝飾或者是銘文字體等方面，都有創新和發展。這中間雖不乏中原華夏文化的影響，但自己民族特色是鮮明的。特別是青銅兵器的冶鑄，越國更有突破性的進展，一躍而達高峰，精良、鋒利、美觀，成爲列國之冠。吳越在將青銅運用于製作生產工具上，種類也較多，在當時列國中也是很突出的。吳越青銅器的發展進程，在短時間內獨樹一幟崛起于東南，它的影響還遠播到廣大的南方越人地區，擴大了中國青銅文化的範圍。

徐國接近中原，受周王朝和中原列國的文化影響比吳越更深。徐國青銅器的全貌不明，缺乏西周和春秋早期的實物例證，已知的多爲春秋中晚期的具名銅器。從這部分青銅器看，形制古樸，紋飾細緻，鑄造精良，保存有較多的近于淮河中上游諸國間流行的樣式和紋飾。徐國的銘文字體秀麗，措辭典雅，與楚國的風格較接近，當屬南方系統。徐國晚期被吳、楚兩大國夾在中間，它的銅器可見有楚的影響，如與吳國比較，可能就較爲保守了，缺乏創新佳作，給人有守舊的感覺。後來徐人流散南下，客觀上也給江南傳播了青銅文化。

吳越同俗，徐舒密邇，時人視爲同一文化圈。但各國青銅器的發展系列，吳越的高超技藝，這幾個國家青銅器的相互關係和影響，尚有待進一步探索和研究。

附注

①陳國強等：《百越民族史》，中國社會科學出版社，一九八八年；董楚平：《吳越文化新探》，浙江人民出版社，一九八八年。

②安徽省文化局文物工作隊：《安徽淮南市蔡家崗趙家孤堆戰國墓》，《考古》，一九六三年四期。

③司馬遷：《史記·吳太伯世家》。

④司馬遷：《史記·越王勾踐世家》。

⑤安徽省文物管理委員會、安徽省博物館：《壽縣蔡侯墓出土遺物》，科學出版社，一九五六年一二月。

⑥張頷：《萬榮出土錯金鳥書戈銘考釋》，《文物》，一九六二年四、五期合刊。

⑦戴遵德：《原平峙峪出土的東周銅器》，《文物》，一九七二年四期。

⑧王恩田：《吳王夫差劍及其辨僞》，《吳文化研究論文集》，中山大學出版社，一九八八年。

⑨馬道闊：《安徽廬江發現吳王光劍》，《文物》，一九八六年三期。

⑩崔墨林：《河南輝縣發現吳王夫差銅劍》，《文物》，一九七六年一一期；襄陽首届亦工亦農考古訓練班：《襄陽蔡坡十二號墓出土吳王夫差劍等文物》，《文物》，一九七六年一一期。

⑪紹興市文管會：《紹興發現兩件鈎鑃》，《考古》，一九八三年四期。

⑫韓偉、曹明檀：《陝西鳳翔高王寺戰國銅器窖藏》，《文物》，一九八一年一期。

⑬劉平生：《安徽南陵縣發現吳王光劍》，《文物》，一九八二年五期。

⑭沂水縣文物管理站：《山東沂水縣發現工𫊸王青銅劍》，《文物》，一九八三年一二期。

⑮《稀世文物「吳王夫差矛」出土》，《人民日報》一九八四年一月七日。

⑯晉華：《山西榆社出土一件吳王𧶼發劍》，《文物》，一九九〇年二期。

⑰王步毅：《安徽霍山縣出土吳蔡兵器和車馬器》，《文物》，一九八六年三期。

⑱洛陽市文物工作隊：《洛陽 C1M3352出土吳王夫差劍等文物》，《文物》，一九九二年三期。

⑲王志敏、韓益之：《介紹江蘇儀徵過去發現的幾件西周青銅器》，《文物參考資料》，一九五六年一二期；尹煥

章：《儀徵破山口探掘出土銅器記略》，《文物》，一九六〇年四期。

⑳ 江蘇省文物管理委員會：《江蘇丹徒縣煙墩山出土的古代青銅器》，《文物參考資料》，一九五五年五期；《江蘇丹徒煙墩山西周墓及附葬坑出土的小器物補充材料》，《文物參考資料》，一九五六年一期。

㉑ 倪振逵：《淹城出土的銅器》，《文物》一九五九年四期。

㉒ 鎮江博物館、丹徒縣文管會：《江蘇丹徒大港母子墩西周銅器墓發掘簡報》，《文物》，一九八四年五期。

㉓ 南京博物院、丹徒縣文管會：《江蘇丹徒磨盤墩周墓發掘簡報》，《考古》，一九八五年一一期。

㉔ 鎮江博物館：《江蘇丹徒出土東周銅器》，《考古》，一九八一年五期。

㉕ 鎮江博物館：《江蘇鎮江諫壁王家山東周墓》，《文物》，一九八七年一二期。

㉖ 江蘇省丹徒考古隊：《江蘇丹徒北山頂春秋墓發掘報告》，《東南文化》，一九八八年三、四期合刊。

㉗ 鎮江市博物館、丹陽縣文物管理委員會：《江蘇丹陽出土的西周青銅器》，《文物》，一九八〇年八期。

㉘ 鎮江市博物館、溧水縣文化館劉興等：《江蘇溧水發現西周墓》，《考古》，一九七六年四期；《江蘇溧水烏山西周二號墓清理簡報》，《文物資料叢刊》(二)，一九七八年。

㉙ 湖北省文化局文物工作隊：《湖北江陵三座楚墓出土大批重要文物》，《文物》，一九六六年五期。

㉚ 《人民日報》一九八八年一二月七日報道；又，《江陵官坪楚墓發掘簡報》，《江漢考古》，一九八九年三期。

㉛ 湖北省博物館：《湖北省文物考古工作新收獲》，《文物考古工作三十年》，文物出版社，一九七九年；《中國文物精華》，一九九二年，文物出版社。

㉜ 荊州地區博物館：《湖北江陵藤店一號墓發掘簡報》，《文物》，一九七三年九期；《光明日報》一九七九年一月二四日報道；楊權喜：《江漢地區發現的商周青銅器》，《中國考古學會第三次年會論文集》，文物出版社，一九八四年；荊門市博物館：《荊門市子陵崗古墓發掘簡報》，《江漢考古》，一九九〇年四月。

㉝ 安徽省文化局文物工作隊：《安徽屯溪西周墓葬發掘報告》，《考古學報》，一九五九年四期；《安徽屯溪周墓第二次發掘》，《考古》，一九九〇年第三期；《屯溪弈棋八號墓發掘簡報》，《文物研究》(總第七期)，黃山書社一九九一年。

㉞ 浙江省文物管理委員會等：《紹興三零六號戰國墓發掘簡報》，《文物》，一九八四年一期。

㉟ 葉玉奇：《江蘇吳縣出土一批周代青銅劍》，《考古》，一九八六年四期。

㊱ 夏星南：《浙江長興縣發現吳、越、楚銅劍》，《考古》，一九八九年一期。

㊲ 李國樑：《皖南出土的青銅器》，《文物研究》(總第四期)，黃山書社，一九八八年一〇月。

㊳ 馬承源：《長江下游土墩墓出土青銅器的研究》，《上海博物館集刊》第四期，上海古籍出版社，一九八七年九月。

㊴ 陳振中：《各省區不同時代出土青銅生產工具統計表》，《青銅生產工具與中國奴隸社會經濟》，中國社會科學出版社，一九九二年。

㊵ 此獸面紋的圖像見繁昌和青陽縣文物管理所藏的銅矛。

㊶ 簡化獸面紋見長沙越王矛、載于楚文物展覽會：《楚文物展覽圖錄》，北京歷史博物館，一九五四年一〇月；相同的

紋樣還有杭州徵集的越王劍，見董楚平：《吳越徐舒金文集釋》越王劍二，浙江古籍出版社，一九九二年。變形獸面紋（盾形或鳥翼形）參見董書附錄《戉王石矛與王字矛》。

㊷ 李龍章：《湖南兩廣青銅時代越墓研究》，《考古學報》，一九九五年三期。

㊸ 熊傳薪、吳銘生：《湖南古越族青銅器概論》，《中國考古學會第四次年會論文集》，文物出版社，一九八三年。

㊹ 黃展岳：《論兩廣出土的先秦青銅器》，《考古學報》，一九八六年第四期。

㊺ 蔣廷瑜、藍日勇：《廣西先秦青銅文化初論》，《中國考古學會第四次年會論文集》，文物出版社，一九八三年。

㊻ 高志喜：《中國南方出土商周銅鐃概論》，《湖南省博物館藏西周青銅樂器》，《湖南考古輯刊》（二），岳麓書社，一九八四年。

㊼ 劉心源：《奇觚室吉金文述》十七·三四·三五，一九〇二年。

㊽ 山西省文物管理委員會侯馬工作站：《山西侯馬上馬村東周墓葬》，《考古》，一九六三年五期。

㊾ 楊權喜：《襄陽蔡坡戰國墓發掘報告》，《江漢考古》，一九八五年一月。

㊿ 楊權喜：《江漢地區發現的商周青銅器》表一，《中國考古學會第三次年會論文集》，文物出版社，一九八一年。

(51) 江西省歷史博物館、靖安縣文化館：《江西靖安出土春秋徐國銅器》，《文物》，一九八〇年八期。

(52) 安徽省文化局文物工作隊：《安徽舒城出土的銅器》，《考古》，一九六四年一〇月。

(53) 李國樑：《群舒故地出土的青銅器》，《文物研究》（總第六期），黃山書社，一九九〇年一〇月。

圖版

一　鱗紋鼎　春秋

二　獸目交連紋鼎　春秋

三　獸體卷曲紋鼎　春秋中期

四　鳥鈕蓋鼎　春秋中期

五　雲紋鼎　春秋晚期

、七　吳王孫無壬鼎　春秋晚期

八　垂鳞紋鬲　春秋早期

九　雷紋鬲　春秋中期

一〇、一一　雲紋簋　春秋早期

一二　乳釘雷紋簋　春秋

一三　百乳雷紋簋　春秋晚期

一四　交連紋簋　春秋晚期

一五　交連紋簋　春秋晚期

一六　幾何紋簋　春秋晚期

一七　幾何紋簋　春秋晚期

一八　變形夔紋簋　春秋晚期

一九　龍耳尊　春秋早期

二〇、二一　龍耳尊　春秋中期

二二　鴨形尊　春秋

二三—二六　鳳紋尊　春秋

二七　鑲嵌棘刺紋尊　春秋晚期

二八　棘刺紋尊　春秋

二九　棘刺紋尊　春秋

三〇　棘刺紋尊　春秋

三一　雲雷紋尊　春秋晚期

三二　蟠蛇紋缶　春秋晚期

三四　獸紋三足壺　春秋晚期

三三　鳥蓋變形獸紋壺　春秋

三五　獸面紋卣　春秋早期

三六　鳥鈕蓋卣　春秋

三七、三八　兕觥　春秋早期

三九　乳釘紋盒　春秋晚期

四〇　鑲嵌獸紋盥缶　春秋晚期

四一、四二　絡紋罍　春秋晚期

四三、四四　獸面紋龍流盉　春秋

四六　龍鈕蓋盉　春秋

四五　蟠龍蓋盉　春秋早期

四七　鳳鳥紋盉　春秋中期

四八　吴王夫差盉　春秋晚期

四九　蟠蛇紋盉　春秋晚期

五〇　犧首匜　春秋晚期

五一　吴王光鑑　春秋晚期

五二、五三　吳王夫差鑑　春秋晚期

五四　蟠龍紋盤　春秋早期

五五、五六　魚龍紋盤　春秋

五七　凸弦紋盤　春秋晚期

五八　交連紋三足盤　春秋

五九、六〇　雙獸三輪盤　春秋晚期

六一　龍紋匜　春秋晚期

六二、六三　工虞季生匜　春秋晚期

六四　幾何紋匜　春秋

六五　龍紋鐘　春秋晚期

六六　者減鐘　春秋中期

六七　交龍紋鎛　春秋晚期

六八、六九　臧孫編鐘　春秋晚期

七〇、七一　人面紋錞于　春秋晚期

七二　雷紋錞于　春秋晚期

七三　四人形懸鼓環　春秋晚期

七四、七五　配兒鉤鑃　春秋晚期

七六　王子孜戈　春秋晚期

七七　吳王夫差矛　春秋晚期

七八　立鳥杖首及人形杖鐓　春秋晚期

八〇　鳳紋方鼎　春秋晚期

七九　立鳥杖首及人形杖鐓　春秋晚期

八一　火紋鼎　春秋晚期

八二　雷紋鼎　春秋晚期

八三　四瓣目紋鼎　春秋晚期

八四　龍紋鼎　春秋晚期

八五　百乳雷紋簋　春秋晚期

八六　幾何紋簋　春秋晚期

八七　蛙紋簋　春秋晚期

八八　蛙紋尊　春秋晚期

八九　幾何紋尊　戰國早期

九〇　鳳紋卣　春秋晚期

九二　雲紋盒　春秋晚期

九一　交連紋卣　春秋晚期

九三　龍紋盉　春秋晚期

九四　幾何紋龍獸盉　戰國早期

九五　幾何紋方鑑　春秋晚期

九六、九七　透雕龍紋盤　春秋晚期

九八　變形獸紋盤　春秋晚期

九九　變形蟠蛇紋鑑　戰國早期

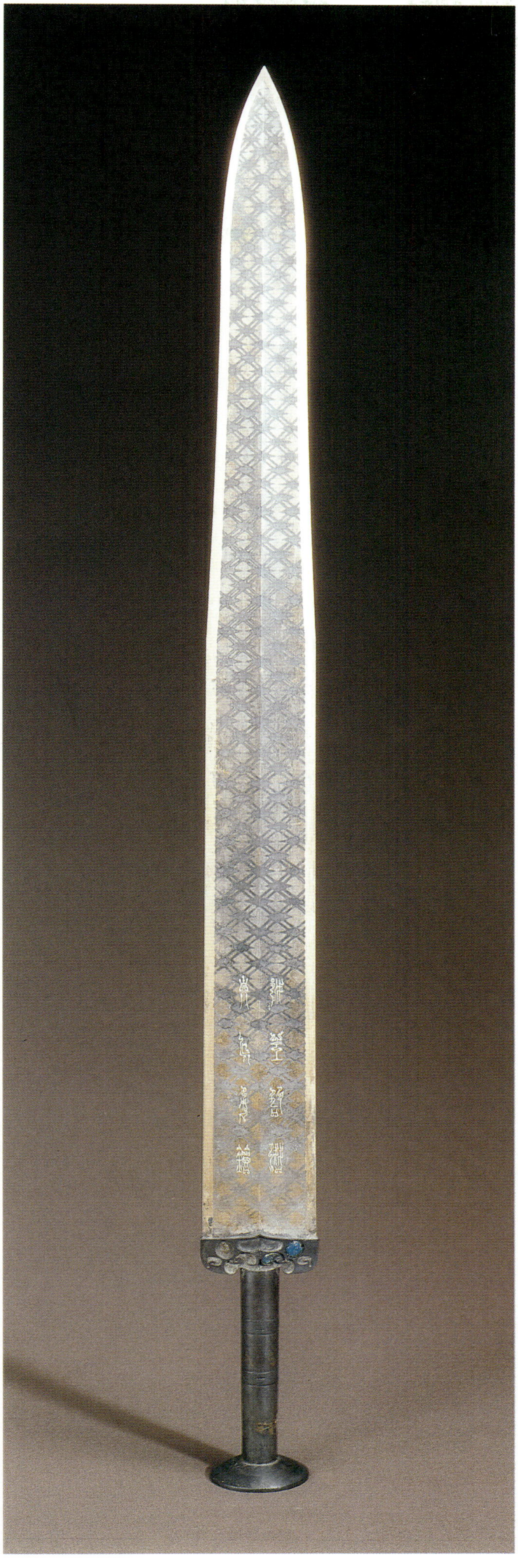

一〇〇　越王勾踐劍　春秋晚期

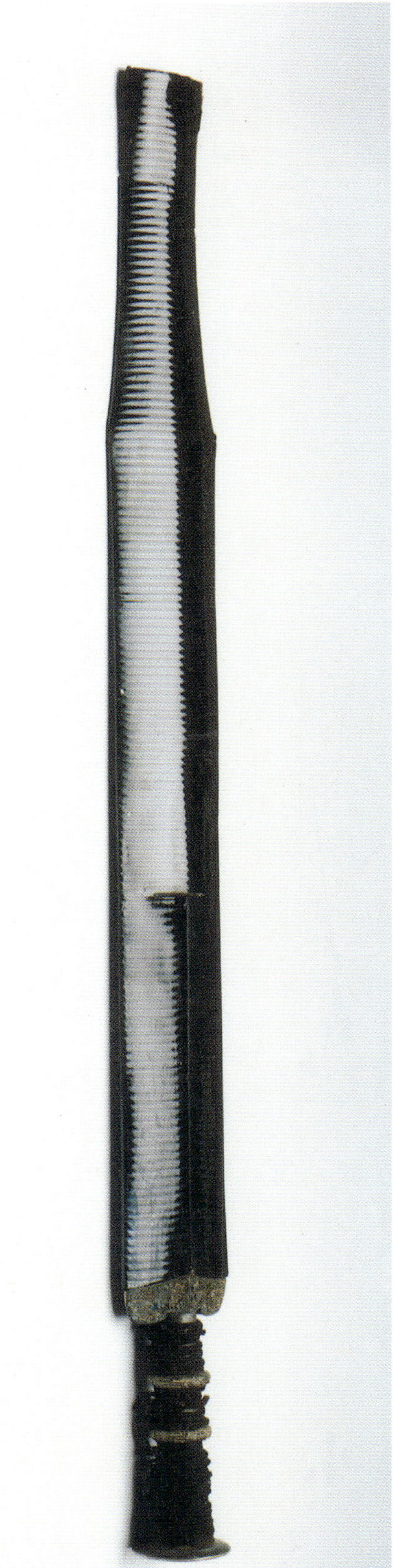

一〇一—一〇四　越王者旨於賜劍　戰國早期

一〇六　鳥紋單柱器　春秋晚期

一〇五　鳩柱房屋模型　戰國早期

一〇七　獸紋人形足方座　戰國早期

一〇八　五柱器　春秋晚期

一〇九　幾何紋鼎　春秋中期

一一〇　幾何紋鼎　春秋中期

一一一　變形交龍紋鼎　春秋中期

一一二　變形火龍紋鼎　春秋中期

一一三　蟠蛇紋鼎　春秋晚期

一一四　垂鱗紋盆　春秋中期

一一五　變形幾何紋尊　春秋晚期

一一六　蛇噬蛙紋尊　春秋晚期

一一七—一二〇　蛇紋尊　春秋晚期

一二二—一二五　蛇紋卣　春秋

一二一　獸形尊　戰國早期

一二七　蟠蛇紋盥缶　春秋晚期

一二六　變形龍紋卣　春秋晚期

一二八　蟠龍紋罍　春秋晚期

一二九、一三〇　獸面紋龍流盉　春秋早期

一三一　變形蟠蛇紋盉　戰國

一三四　蟠龍紋鑑　戰國

一三五、一三六　蟠龍紋鑑　戰國

一三七　變形龍紋盤　春秋晚期

一三八　變形獸面紋鐘　春秋晚期

一三九　人首柱形器　戰國

AMSTERDA

一四〇、一四一　象紋鐃　春秋

一四二　變形獸面紋鐃　春秋

一四三、一四四　變形獸面紋鏡　春秋

AMSTERDA

一四五　變形獸面紋鐃　春秋

一四六　雲紋鐃　春秋

一四七　雲紋鐃　春秋

一四八　雲紋鐃　春秋

一四九　變形獸面紋鐃　春秋

一五〇　勾曲紋鐃　春秋

一五一　庚兒鼎　春秋中期

一五二　郐䣄尹𣉻湯鼎　戰國早期

一五三、一五四　交龍紋罍　戰國早期

一五五、一五六　蟠蛇紋盉　戰國早期

一五九　徐令尹旨𦜿爐盤　春秋晚期

一五七　蟠蛇紋鑑　春秋晚期

一五八　徐王義楚盤　春秋晚期

一六〇　獸體卷曲紋匜　春秋中期

一六一　龍紋匜　春秋中期

一六二　鄬邟鎛　春秋晚期

一六四　龍紋鼎　春秋早期

一六三　𠑾兒鐘　春秋晚期

一六六　雷紋鼎　春秋中期

一六五　變形獸紋鼎　春秋中期

一六七　獸體卷曲紋鼎　春秋中期

一六八　獸體卷曲紋鼎　春秋中期

一六九　交龍紋鼎　春秋中期

一七〇　獸首鼎　春秋中期

一七一　羊首鼎　春秋中期
一七二　交龍紋方簋　春秋中期

一七三　鱗紋盉　春秋早期

一七四　獸鋬盉　春秋中期

一七五　卷鋬盉　春秋中期

一七六　獸目交連紋匜　春秋早期

一七七　鱗紋匜　春秋中期

一七八　交龍紋匜　春秋中期

圖版説明

一　鱗紋鼎

春秋
高二二、口徑二三・六厘米
一九七八年安徽繁昌湯家山出土
繁昌縣文物管理所藏

方耳微侈，淺圓腹，圜底，蹄形足。腹飾鱗紋。底有三角形鑄跡。

二　獸目交連紋鼎

春秋
高三六・四、口徑二〇厘米
一九七八年安徽繁昌湯家山出土
繁昌縣文物管理所藏

蓋頂略拱，有四個矩形鈕，蓋邊下折如盤，圓口，短直頸，扁鼓腹，兩耳直立肩上，圜底，蹄形足。腹上部飾獸目交連紋和弦紋。此鼎形體較大，爲南方常見的湯鼎式樣。

三　獸體卷曲紋鼎

春秋中期
高二五、口徑一八・五厘米
一九七九年安徽青陽廟前汪村出土
安徽省博物館藏

圓口，直頸，鼓腹，圜底，蹄足。肩置對稱環耳，腹飾獸體卷曲紋和三角紋。足根飾變形獸面紋。此鼎缺蓋，有稱浴鼎，或湯鼎，因形似罐，俗稱罐形鼎。

四　鳥鈕蓋鼎

春秋中期
高二七・一、口徑一三・九厘米
一九七一年安徽銅陵車站出土
安徽省博物館藏

平盤蓋，小圓口，獸首環耳，鼓腹，圜底，蹄形足。蓋鈕鑄立鳥，腹飾蟠蛇紋、三角紋和凸弦紋，腹置扉棱，紋飾細膩，形制新穎。

五　雲紋鼎

春秋晚期
高三五・六、口徑三〇・三厘米
一九八四年江蘇丹徒大港北山頂出土
南京博物院藏

深腹，圜底，方唇，子母口，有蓋。蓋上立三環鈕，蓋的中心飾有圓形雲紋圖案，周有三圈細密的雙線雲紋帶。腹的中央有一道凸起的繩索紋，其上下各有一圈細密的雙線雲紋帶。長方形附耳，側面飾雙線雲紋，內外兩面上部爲蟠龍紋。三蹄足根部爲龍紋組成的獸面。

六、七　吳王孫無壬鼎

春秋晚期
高二一・六、口徑一九・七厘米
一九七七年九月陝西鳳翔高王寺出土
鳳翔縣文化館藏

弧頂蓋，蓋中心置環鈕，蓋邊等分置三個龍形環鈕，可却置。子母口，深腹，圜底，三蹄足外撇，附耳略外侈。蓋面飾龍紋三圈，外圍飾一圈變形蟠龍紋。腹飾變形蟠龍紋兩周，雙耳外側亦飾變形蟠龍紋。器蓋同銘二行八字，記吳王孫無壬作此脰（廚）鼎。

八　垂鱗紋鬲

春秋早期

高二二·五、口徑一九厘米

一九七七年江蘇南京浦口長山子出土

南京市博物館藏

卷唇，深腹略鼓，分襠較平，三足呈蹄形外撇，附耳。腹飾垂鱗紋，附耳內外側均以單線陰刻曲線形花紋。

九　雷紋鬲

春秋中期

高三九·五、口徑三二厘米

一九八二年江蘇丹徒大港母子墩出土

鎮江博物館藏

鬲直口、平折沿，兩豎耳立于沿上，腹壁豎直，高弧襠，三袋足，下爲柱狀實足。耳內面有二道凹紋，口沿下部飾兩道方折雷紋帶，各有三「)(」形紋間隔成三組。器身花紋的施飾風格頗具地方特色。

一〇、一一　雲紋簋

春秋早期

高九·九，口徑一八·二厘米

一九五九年浙江長興上草樓出土

浙江省博物館藏

卷唇，腹鼓而淺，圈足較高，肩上有四個獸首形繫環。口沿飾勾連雲紋，腹飾橫豎排列凸起甚高的C形雲紋，器表陰刻細線勾連雲紋，圈足飾勾連雲紋。腹內底飾一個背有囧紋的大龜紋。此器形制獨特，製作精妙，頗具地方特色。

一二　乳釘雷紋簋

春秋
高一九·九、口徑二七·二厘米
一九三〇年江蘇儀徵破山口出土
南京博物院藏

獸首環耳，卷沿，短頸，扁鼓腹，圈足。肩部飾雲雷紋一周，下爲聯珠紋帶，上腹二周雲雷紋，下腹飾網格，格內有乳釘。

一三　百乳雷紋簋

春秋晚期
高一四、口徑二一厘米
一九七六年江蘇丹陽司徒窖藏出土
鎮江博物館藏

侈口，束頸，腹較圓鼓，圈足有較高直裙，雙獸耳有鈎形小珥。腹飾斜方格地的乳釘紋，乳釘小而密集，乳突平坦，地紋爲套方格紋。頸腹交接處有一條圈點紋邊飾。該器在形制、紋飾上皆模仿中原西周早期器，是一件具有地方風格的仿鑄器。

一四　交連紋簋

春秋晚期
高八·六、口徑二一·八厘米
一九七六年江蘇丹陽司徒窖藏出土
鎮江博物館藏

侈口，束頸，鼓腹，矮圈足，雙獸耳無珥。腹飾兩行變形夔紋形交連紋，均爲圖案化的個體單位，該紋樣當爲吳國青銅器上的那種複雜繁縟的交連紋的較早形態。

一五　交連紋簋

春秋晚期

高一一・二、口徑二〇・八厘米

一九七六年江蘇丹陽司徒窖藏出土

鎮江博物館藏

侈口卷唇，束頸，斜肩，鼓腹，圈足，直裙中部略凹進，雙夔耳有鈎形小珥。腹飾兩兩交連的變形夔紋形交連紋，空白處以圈點紋爲點綴，上下各有一道重三角形紋爲邊飾。值得注意的是，作器耳的夔首上部有花角，整個夔耳與器腹紋飾的個體單位相同，足見這類紋飾仍應是夔龍紋不同程度的蛻變，是抽象化、圖案化了的一種地方風格的紋飾。

一六　幾何紋簋

春秋晚期

高七・六、口徑二六・三厘米

一九七九年江蘇無錫北周巷出土

無錫市博物館藏

侈口，束頸，淺腹，圈足，腹兩側設透雕耳形棱脊。腹、圈足飾細密規整的幾何紋，腹部間飾對稱的四乳釘紋，這是吳國青銅器上頗具地方特色的裝飾方法。

一七　幾何紋簋

春秋晚期

高八、口徑二六・二厘米

一九七八年安徽繁昌湯家山出土

繁昌縣文物管理所藏

口略侈，頸微束。淺腹，平底，圈足。腹側置對稱的鏤空雲形耳，但此耳體小質薄，難承提舉，實是裝飾。腹和圈足飾幾何紋，紋極細，形似網絡方格，爲吳越青銅器上的新興紋樣。

一八　變形夔紋簋

春秋晚期
高一〇·四、口徑一八·七厘米
一九七六年江蘇丹陽司徒窖藏出土
鎮江博物館藏

侈口卷唇，束頸鼓腹，圈足，無耳。腹部爲兩道變形夔紋和細小密集的乳釘紋相間排列，上下界以圈點紋。縱觀全器，圈點紋、乳釘紋的規整靜態正好映襯出變形夔紋華麗流暢而又富于變幻的線條的動態美，别具特色。

值得注意的是，該器底下有一半圓形環，推測係懸鈴所用。此器如懸鈴于環上，則會凸出于圈足外，可能器原應置于某種座上。

一九　龍耳尊

春秋早期
高三八·五、口徑三五厘米
上海博物館藏

大敞口，折肩，斜腹，圈足較高，形體較大。肩兩側鑄接有龍形雙耳，使器物更顯雄偉。肩飾斜角雲紋，腹爲橫條溝紋，圈足飾雷紋。龍耳尊的器體形式仿自中原地區商代青銅大口尊的式樣，但加上了雙龍耳，使之成爲具有鮮明地域特徵的器物。式樣相似的龍耳尊在安徽青陽、南陵曾有出土。上海博物館共收藏兩件器形、紋飾相同的龍耳尊，此爲其一。

攝影：郭林福

二〇、二一　龍耳尊

春秋中期
高三三·二、口徑二七·六厘米
一九八八年安徽南陵綠嶺團結村出土
南陵縣文物管理所藏

肩部兩側飾一對大型龍耳，龍張口向外，頭頂雙角，身飾鱗紋、S形紋和V形紋，尾上卷。尊侈口，束頸，寬肩，腹下內收，圈足。肩飾獸體卷曲紋，腹飾橫條溝紋，足飾雲雷紋。紋飾清新，製作精美。

二二　鴨形尊

春秋

高二二・二、口徑一八・三厘米

一九八二年江蘇丹徒大港母子墩出土

鎮江博物館藏

器以水鄉習見的鴨子爲造型，長頸昂首，束翅展尾，身體各部比例勻稱。利用其頸、背間的自然空間鑄出一尊：喇叭形侈口，直頸，以鴨子之腹爲腹，以鴨子的帶蹼雙脚與臀下一螺旋形支柱構成全器的三足，以保證器的平衡。這種設計與一九五五年遼寧喀左馬廠溝所出鴨形尊相似，但此器構思更爲巧妙，外觀更爲優雅、協調，容量亦大增。

二三—二六　鳳紋尊

春秋

高三四、口徑四一・四厘米

一九七六年江蘇丹陽司徒窖藏出土

鎮江博物館藏

侈口，垂腹，圈足，通體飾紋華麗。口沿下爲四組由相向的長尾鳥組成的瓣形飾，鳥長尾上卷爲S形，作鳴叫起舞狀。頸部以兩道弦紋爲欄，以乳釘、犧首爲界，飾四組兩兩相背的分尾小鳥。腹部主紋飾以一條S形紋飾帶爲欄，飾以兩對大型鳳鳥紋，鳳鳥相向、顧首、展翅挺立，目光炯然有神，喙上舉，長冠逶迤，兩側分尾上下卷曲作C形，鳥爪等均用曲線勾出，兩鳥中有一龜形紋。

該器在形制和紋飾上與陝西扶風莊白出土的豐尊極爲相似，但器體更闊，所有鳥紋身軀左右不對稱，兩鳥之爪亦不完全相同，作爲地紋的雲雷紋亦顯係隨意勾填而成。

器形體碩大，飾紋豐富華麗，形態各异的鳥紋 生機勃勃。堪稱吳國青銅器中的瑰寶。

二七　鑲嵌棘刺紋尊

春秋晚期
殘高三六・三、口徑二四・九厘米
一九六二年上海松江鳳凰山出土
上海博物館藏

侈口，高頸，鼓腹，圈足下部殘損。口沿內側有三組幾何形紋飾。頸、腹、圈足紋飾由寬條的變形獸體紋和棘刺紋相間隔而成。頸部圈足各有一周鋸齒紋，腹部紋飾上下各有一周聯珠紋爲欄。尊腹部的變形獸體紋是用雙鉤勾勒而成，線條較粗，中間有粘接物遺痕，可能原有石質鑲嵌物。

二八　棘刺紋尊

春秋
高二六、口徑二七・一厘米
一九五八年江蘇武進淹城出土
南京博物院藏

圓筒頸，扁鼓腹，高圈足。腹部滿飾蟠蛇紋，上有細密的棘刺，轉角點棘刺較長。上下邊緣各有一周聯珠紋，作爲腹部的界紋，腹部自成單元。腹部、頸下和足根部飾鋸齒紋和幾何紋，使整器渾然一體。

二九　棘刺紋尊

春秋
高二四、口徑二六・五厘米
一九五八年江蘇武進淹城出土
南京博物院藏

形制紋飾與二八器相同。

三〇　**棘刺紋尊**

春秋
高一七·五、口徑二一·二厘米
一九七六年江蘇丹陽司徒窖藏出土
鎮江博物館藏

侈口，斜肩，折腹，圈足。肩、腹、圈足均飾以變形夔紋形的交連紋，肩腹兩行、圈足一行，上下界以圈點紋。該器形制仿自中原地區商代有肩尊。器壁較薄，所施紋飾爲單個紋樣的重復排列，爲那種複雜繁縟的棘刺紋的早期紋樣。此器有助于研究吳國青銅器紋飾的演變和發展。

三一　**雲雷紋尊**

春秋晚期
高三九、口徑三四·五厘米
一九八二年江蘇丹徒大港磨盤墩出土
南京博物院藏

喇叭口，長頸，頸側附環狀獨耳，扁圓腹，高圈足。腹部滿飾塊狀雷紋，印痕重疊頗多，并有乳釘紋四組，每組四枚，上下緣以聯珠紋爲邊飾。頸與圈足各有凸弦紋和雲紋。

三二　**蟠蛇紋缶**

春秋晚期
高三六·二、口徑一六·二厘米
一九八四年江蘇丹徒大港北山頂出土
南京博物院藏

方唇，平口沿，有蓋，直頸，鼓腹，器身中央有凸起的兩道繩索紋，中飾蟠蛇紋，并有四個對稱的環耳。蓋非原配，上立三個環鈕，中心火紋，周有銘文三圈，計三十二字。

三三　鳥蓋變形獸紋壺

春秋
高四九、口徑二〇×一三・八厘米
一九八二年江蘇丹徒大港母子墩出土
鎮江博物館藏

直口斜頸，頸兩側有兩對稱半環形耳；下腹微鼓，壺體橫截面爲圓角長方形，圈足有直裙。器蓋作鵙鳥形，呈昂首展翅翹尾、欲向上飛翔之態。正面紋飾被方枚絆帶紋和圈點紋帶劃爲四個梯形塊區，各區內飾變形獸面紋，花紋形態各不相同，似隨意勾劃而成。線條如行雲流水般流暢自如，末端作刀狀回鋒收勢。中下部各有一枚乳釘，或爲兩對獸目。

該器形體碩大，方乳絆帶飾爲江南地區所少見。其鵙鳥形蓋的構思亦很巧妙，形肖逼眞，以其輕盈欲飛的姿態吸引觀賞者的視線，無形中減弱了器體的沉重感，不失爲一件藝術佳作。

三四　獸紋三足壺

春秋晚期
高一九、口徑七・五厘米
一九七八年河南固始侯古堆出土
河南省文物考古研究所藏

弧頂蓋，蓋上置環鈕。小口，高直頸，平肩，肩設兩環耳，扁球體器腹，腹下有三個小蹄足。頸、腹飾細線勾勒的獨角獸紋及幾何形紋飾。此器造型別出心裁，爲青銅器中罕見。

攝影：王蔚波

三五　獸面紋卣

春秋早期
高三四·二、口縱一二·二、口橫一五·三厘米
上海博物館藏

隆蓋，蓋沿較高，鼓腹，圈足，器兩側設龍首提梁。自蓋至圈足置四條勾曲形棱脊。蓋面及器腹飾獸面紋，蓋沿、器肩及圈足飾鳥紋。此卣的器形、紋飾與中原地區西周早期卣很相似，但其提梁上兩個向前突出的龍首，以及獸面紋和鳥紋的製作均表現出強烈的春秋時期南方青銅器的特徵，卣的鏽色也具有明顯的南方出土青銅器所特有的地域性氧化呈色。所以這是一件春秋時期越族仿鑄的青銅卣。

攝影：郭林福

三六　鳥鈕蓋卣

春秋
高三四·五、口徑一七·七×一三·五厘米
一九八二年江蘇丹徒大港母子墩出土
鎮江博物館藏

器橫截面爲橢圓形，有蓋，腹傾垂，圈足有直裙。蓋面斜直，蓋鈕爲一小立鳥。扁提梁，兩端有牛頭形獸首。器頸部及蓋頂面均飾以平行細繩紋相間的小圈點紋帶，圈足飾斜三角雲紋，提梁飾兩行圈點紋。該器器形、紋飾等特徵均接近中原西周早期器，但斜直的蓋面、小立鳥蓋鈕、圈點紋作主紋的施飾風格則具有地方特色，小立鳥蓋鈕亦常見于本地原始瓷上。

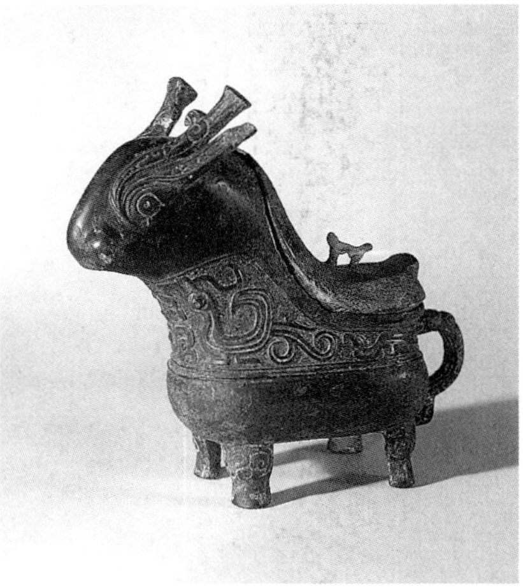

三七、三八　兕觥

春秋早期
高二一·二、長二一·八厘米
一九五四年江蘇丹徒大港煙墩山出土
南京博物院藏

形似四足獸。首身相連，首有柱狀歧角與豎耳，雙目前視。身呈圓角長方形，尾附龍形鋬。獸背負蓋，弧脊翹尾，上立獸狀小鈕。獸身前飾鳳紋，尾翎與枝卷曲，後部飾鳥紋。腹下四扁蹄足，飾象紋。

三九　乳釘紋盒

春秋晚期
高七·五、口徑四·八厘米
一九七八年河南固始侯古堆出土
河南省文物考古研究所藏

弧面直沿蓋，蓋頂中央有一個小鳥形捉手，此爲吳越地區青銅器上常見的裝飾特徵。小口圓肩，肩設對稱環耳。器腹作兩層大小不等的扁球形相疊的式樣，圈足、蓋面、器腹滿飾細密的乳釘紋。此器出土時，內盛有花椒。其器形與安徽屯溪三號墓出土的雲紋盒相仿，可能是屬于簋形器的一種變异形式。

（楊育彬）　攝影：王蔚波

四〇　鑲嵌獸紋盥缶

春秋晚期
高四二·五、腹徑五七厘米
一九七八年河南固始侯古堆出土
河南省文物考古研究所藏

蓋微隆，中間有數條鏤空龍紋托起圈形捉手。器小口，短頸，圓肩，鼓腹，平底。肩置一對獸首耳，內套提鏈。蓋、器均有圓形火紋凸飾，通體用紅銅鑲嵌出獸紋、火紋、幾何紋等，紋飾排列規整，線條活潑流暢。

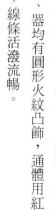

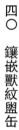

四一、四二　絡紋罍

春秋晚期
高三九·三、口徑三〇·五厘米
一九七九年江蘇丹徒諫壁糧山出土
鎮江博物館藏

折平沿，短頸，鼓腹，平底下承三個短蹄足。肩部一對顧首獸形雙耳，下套葫蘆形環。肩部及近底飾三角雷紋，腹部滿飾交織套結成網格狀的絡紋，將腹部分成數小區，各小區內塡滿纖細的蟠螭紋，紋飾個體簡化，僅剩螭紋首尾，狀如密集的羽翅。

四三、四四　獸面紋龍流盉

春秋
高三〇·一、口徑一四·八厘米
上海博物館藏

口部作鈍三角形，直頸，袋腹，下有三柱足。流爲龍形，流口作龍首，龍形鋬。蓋頂爲一條蟠旋的龍，龍首昂起。蓋邊、頸側均有一環鈕，應有短鏈相連。蓋緣、頸部飾龍紋，肩飾斜角雷紋，腹飾獸面紋，配置以龍紋、鳥紋。此盉器型、紋飾仿效中原地區青銅盉，但紋飾結構的特徵表明它是一件南方越族青銅文化的產物。相似的一件青銅盉在廣東信誼出土。

四五　蟠龍蓋盉

春秋早期
高三〇·五、口徑一〇·三厘米
一九五四年江蘇丹徒大港煙墩山出土
南京博物院藏

蓋作翹首蟠龍，邊緣一周龍鱗，蓋有繫環與獸首鋬相連，頸飾簡化龍紋帶，下有弦紋一道，盉體與管流間有弧形梁，垂腹，平底，三蹄足外撇。

四六　龍鈕蓋盉

春秋
高二九、口徑一七·五厘米
一九七八年安徽繁昌湯家山出土
繁昌縣文物管理所藏

拱形蓋，子母口，扁圓鼓腹，斜長管流，環形鋬，圈足。蓋上龍鈕突起，昂首前探，龍身修長，體飾鱗紋，盤繞于蓋面。器肩和下腹飾獸目交連紋。流飾三角形紋，鋬飾雲紋。鋬上端與蓋有鏈相連。造型別致。

四七　鳳鳥紋盉

春秋中期
通高二九·八厘米
一九三〇年儀徵破山口出土
南京博物院藏

盉體垂腹，長流，下有三扁柱足，帶蓋。蓋鈕作山字形，蓋與把手以環相扣，把手上端作回首獸形。蓋飾陰線鳳鳥紋，上腹飾心形紋和條狀獸紋，裝飾方法十分特殊。

四八　吳王夫差盉

春秋晚期
高二七·八、口徑一一·七、腹徑二四·九厘米
上海博物館藏

扁圓形器腹，小口直沿，平頂蓋，蓋上有活鏈與提梁相連。流作上昂的龍首形，龍有尖角，頸部飾鱗紋，龍的額頂還有一條小龍逶迤而下。盉的提梁是用失蠟法鑄造而成，它由無數條體軀相糾的龍紋組成一條透雕的俯首拱背的龍形提梁，前有龍角翹出，後有龍尾卷曲，背脊上還有鏤空的脊飾。器腹下承三個略外撇的獸蹄足。蓋沿飾龍紋，蓋面及器腹飾細密規整的變形蟠蛇紋，器腹幷以三條凸起的繩紋相間隔。盉肩部鑄銘文一周十二字，記吳王夫差爲一女子鑄此器。

攝影：郭林福

四九　蟠蛇紋盉

春秋晚期
高二七・一、口徑一一・二厘米
一九七八年河南固始侯古堆出土
河南省文物考古研究所藏

小口，鼓腹，圜底，三蹄足。上有提梁，肩腹一側有獸首狀流，後端有透雕花鋬。蓋有環鏈與提梁相連接。腹與頂蓋均飾有蟠蛇紋。

（楊育彬）　攝影：王蔚波

五〇　犧首匜

春秋晚期
高二一・六、口徑二三・八厘米
一九五七年江蘇武進淹城出土
中國歷史博物館藏

圓口外侈，斂頸，鼓腹，低圈足。犧首形流，有尖銳的豎角。鋬作扁平的耳形棱脊式樣。犧首飾幾何紋，頸及器腹飾細密的垂鱗紋。此器體形如簋，流口狹小，或以爲應屬盉形器。

五一　吳王光鑑

春秋晚期
高三五、口徑六〇厘米
一九五五年壽縣城西門蔡侯墓出土
安徽省博物館藏

大口，深腹，平底。腹下內收。兩獸耳相對，各鑄一套環。腹內嵌鑄四小環，推測它的作用似爲架冰，下留空隙，以備冰溶貯水。如是這樣，此器不僅可容水，也可置冰降溫。鑑在出土時有同樣的兩件，內各有一件瓢形小匜和一件尊缶。鑑的外壁滿飾細密的羽翅紋、雲點紋和垂葉紋。兩鑑均鑄銘八行五十二字，銘有韻。銘文說明此鑑爲吳王光嫁女于蔡的媵器。它反映了當時吳蔡兩國的關係。

五二、五三　吳王夫差鑑

春秋晚期
高四五、口徑七三厘米
傳河南輝縣出土
上海博物館藏

形體巨大，獸耳銜雙環，獸額上立小龍。有雙龍攀緣壁上，口噬鑑口，弓背曲體，四肢用力，如欲躍入鑑中，具有強烈的動感，是當時雕塑藝術之傑作。腹飾繁茂的羽翅紋。腹內壁銘十三字，記吳王夫差作此鑑。

五四　蟠龍紋盤

春秋早期
高二五・五、口徑四八・五厘米
一九五四年江蘇丹徒大港煙墩山出土
南京博物院藏

長方形扁附耳，高圈足，盤壁以聯珠紋爲界紋，內飾頗具地方特徵的蟠龍紋。

五五、五六　魚龍紋盤

春秋
高一九・六、口徑四一厘米
一九七八年安徽繁昌湯家山出土
繁昌縣文物管理所藏

侈口，淺腹，平底，圈足，兩環耳附于腹側。口沿飾鱗紋，腹和圈足飾龍紋。腹內壁飾一六尾魚紋環繞，下襯圓珠紋。內底有淺浮雕的龍紋盤旋，頭中尾外，龍首兩側各飾一小龍相陪。紋飾統一，布局嚴謹。魚龍是水族，盤是水器，魚龍相飾，寓意深遠。

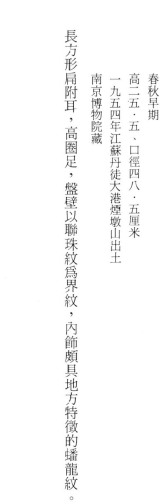

五七　凸弦紋盤

春秋晚期

高一一·五、口徑三〇·七厘米

一九七六年江蘇丹陽司徒窖藏出土

鎮江博物館藏

盤直口，淺腹，圈足高且壁直，雙附耳緊貼器壁，上與口沿齊平，已失去附耳之功用，當是一種蛻變形態，僅作裝飾之用。這在吳國青銅盤上比較常見。腹與圈足均以凸弦紋爲飾，腹部四道、圈足兩道，耳飾規整密集的圈點紋，紋飾簡潔、樸素、疏朗。

五八　交連紋三足盤

春秋

高一五·五、口徑四四厘米

一九六六年江蘇溧陽社渚許大山界出土

鎮江博物館藏

盤直口，淺腹，腹壁豎直微向內收，圈足高直、下承三扁足略外撇，斷面呈「T」形。兩附耳較寬扁，貼鑄于腹壁，上端與口沿平齊，耳輪間只容一指插入，已不具備附耳的功用。

耳面及器腹飾交連紋，上下各以正倒「L」形雙鈎陽線紋帶及兩行圈點紋帶爲界。圈足飾同向的「ᘐ」形雲紋，花紋個體粗大。

該器所飾交連紋實則爲許多蛻化縮小的動物體軀的複雜的纏繞交連，其細小的頭部突出于器表，密集如芒刺。這種花紋主要見于吳越地區，如安徽屯溪、丹陽司徒、武進淹城、上海松江等地，多施于尊上，施飾模式亦大致相同。

該盤同出共兩件，除圈足花紋有异外，形制大小及紋飾均相同。

五九、六〇　雙獸三輪盤

春秋晚期
高一五·八、口徑二六厘米
一九五七年江蘇武進淹城出土
中國歷史博物館藏

敞口，卷唇，淺腹，矮圈足下加鑄有三輪皆可轉動。其中一輪由一對折身回首作飲水狀的雙獸所夾，推拉雙獸，可使盤行動如車。盤身飾細密的幾何形編織紋，與當地的印紋陶紋相似。此器設計奇巧，造型獨特，爲吳國青銅器中最具特色的器物之一。

六一　龍紋匜

春秋晚期
高二一·五、長四六厘米
一九八二年江蘇丹徒大港磨盤墩出土
南京博物院藏

器形如瓢，流部上翹，底近平，淺腹，尾部附伏獸狀鋬，下承三蹄足。流口飾雲紋，口下一周簡化龍紋帶，對稱排列。伏獸鋬獸首與口沿平，鋬有陰線鱗紋。

六二、六三　工𠪚季生匜

春秋晚期
高一九、長二九厘米
一九八五年江蘇盱眙舊鋪出土
盱眙縣文化館藏

橢圓體，平底，流作封頂式獸首形，卷尾龍形鋬。器腹飾精微細緻的變形蟠蛇紋，以綯紋爲欄。器內底鑄銘一行九字，記工𠪚季生作此匜，工𠪚即吳國。

六四　幾何紋匜

春秋
高一四·四、長四三·六厘米
一九五八年江蘇武進淹城護城河出土
南京博物院藏

折沿，淺圓盤，平底，前有微上揚短流，後附三角形尾作鋬，矮蹄足。腹部以聯珠紋爲界，內飾幾何線紋，尾飾雲紋。

六五　龍紋鐘

春秋晚期
高二四、銑間一九·七、鼓間一一·七厘米
一九八一年安徽宣城孫家埠出土
宣州市博物館藏

鐘體扁矮，無枚無篆。體飾四龍，口飾鱗紋，兩面紋飾相同。甬中部有對稱鼻鈕，可供懸掛，形制罕見。

六六　者減鐘

春秋中期
高二八·八、銑間一五·二厘米
傳一七六一年江西臨江出土
上海博物館藏

甬鐘。甬飾葉形紋和變形龍紋，甬幹有五個蟬紋環繞，鈕上飾雷紋。舞、篆均飾變形龍紋，鼓部飾體軀方折的連體龍蛇紋。銘文二十八字，記器主者減爲吳王之子。傳世者減鐘共十一器。

六七　交龍紋鎛

春秋晚期
高三三厘米
一九七八年河南固始侯古堆出土
河南省文物考古研究所藏

頂部鈕鑄成兩組對峙的三獸盤繞的伏獸形。兩銑下垂，兩面均有交龍紋。同出八件，多在鉦鼓部鑄有相同的四十六字銘文，惜器主名被刮去。

（楊育彬）攝影：張　平

六八、六九　臧孫編鐘

春秋晚期
高一五・三—二三・四厘米
一九六四年江蘇六合程橋出土
南京博物院藏

成組樂器，共九件，形制、花紋皆同，大小依次成編。鐘身作合瓦形，環鈕，鈕飾斜角雷紋，篆、舞和鼓部均飾交龍紋，枚作螺旋形狀。正面都有銘文，多爲反文，內容基本一致。少數鐘銘有缺佚，最完整的三十七個字。此編鐘大部分音色清亮，樂律分明。

七〇、七一　人面紋錞于

春秋晚期
高四三、肩長徑二六・五、口長徑二〇・八厘米
一九八五年江蘇丹徒諫壁王家山出土
鎮江博物館藏

虎鈕，弧頂無盤，圓突肩，斜弧腹漸向下內收，近口處稍外侈，口呈橢圓形。側視全器，上部前傾，中部內收，具有不等稱的特徵。虎鈕飾雷紋，頂飾雲紋、三角形雲雷紋等三圈紋飾。器體中上方前傾處飾一淺浮雕人面紋，中間爲獸形扉棱，下方爲一方框，內飾四組變體雲紋，器體兩側各飾三行凸起的螺旋紋共九枚，間以

同出錞于共三件，大小成序列，應爲一套。王家山所出錞于時代較早，形制特异，人面紋罕見，頗具吳國地方特色。

七二　雷紋錞于

春秋晚期
高四六厘米
一九八四年江蘇丹徒大港北山頂出土
南京博物院藏

整體橢圓筒型，鼓肩，束腰，平口，肩大口小。肩部飾雷紋一周，口上部有三道繩索紋，隧部兩側各有八條凸起的小龍組成的圖案。肩上作承盤形狀，中立虎形鈕，虎身飾曲折紋，長尾上卷。同出三件，造型基本一致，唯盤內紋飾各异，大小有序，此爲一號錞于。

七三　四人形懸鼓環

春秋晚期
高九·六、環座邊長七·四厘米
一九八四年江蘇丹徒大港北山頂出土
南京博物院藏

環箍在正方形的環座上，可任意轉動，環座上飾雲雷紋，下有小銷孔。原來應配置于鼓側。環座四角各有一跪坐的人形，髡頂，耳垂有飾孔，額前短髮如劉海，身上滿飾雲雷紋。

七四、七五　配兒鈎鑃

春秋晚期
高四〇、銑間一五·四、鼓間一二厘米
一九七七年浙江紹興狗頭山出土
浙江省博物館藏

器形似鐘而體狹長，口作較曲的彎弧形，長方形執柄在近舞部處有一段稍厚的加固圈。使用時口朝上，是一種手執的打擊樂器。體近舞處飾三角形幾何紋及雲雷紋，舞飾雲雷紋。鉦間兩側有銘文共計六十餘字，記吳王之子配兒征戰立功，作此鉤鑃。此兩件器共出，形制、紋飾、銘文均相同，唯尺寸稍异。

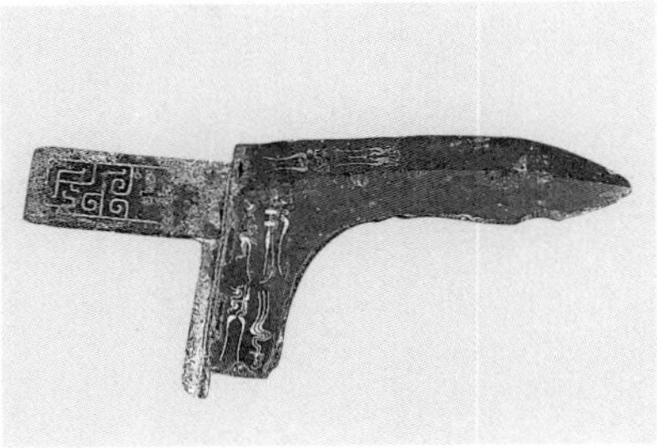

七六　王子玫戈

春秋晚期
援長一六、胡長九·五、內長八厘米
一九六一年山西萬榮後土廟村出土
山西省博物館藏

援上翹，胡下平齊，闌側三穿。長方形內端飾錯金卷雲紋，中有一穿。出土同樣的戈一對，每戈各銘七字，字皆錯金鳥書，記爲「王子玫之用戈」。戈主人可能是吳王僚，有說是吳王夫差即位前所用。

攝影：李建生

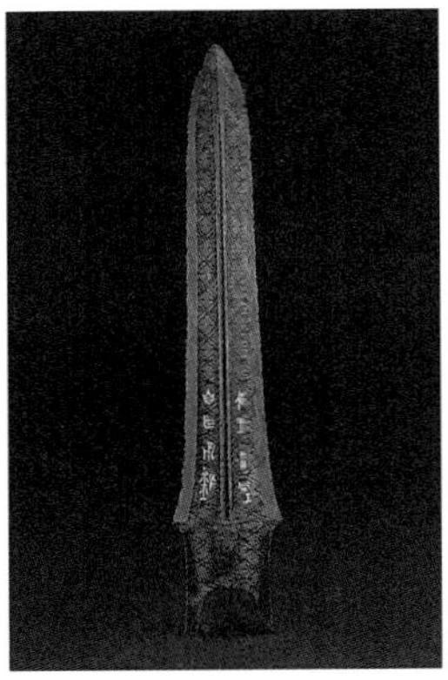

七七　吳王夫差矛

春秋晚期
長二九·五、寬三厘米
一九八三年湖北江陵馬山五號墓出土
湖北省博物館藏

矛身與劍身相似而稍短，鋒部呈弧線三角形。中脊凸起，脊上有血槽，血槽後端各鑄一獸頭。骹中空，用以插柲，骹首兩側有對稱凹口。矛身滿飾黑色的菱形暗紋。基部有「吳王夫差自乍用鈼」二行八字錯金銘文。

（劉家林）　攝影：郝勤建

七八　立鳥杖首及人形杖鐓

春秋晚期
杖首長二一·二、杖鐓長一九·二厘米
一九八四年江蘇丹徒大港北山頂出土
南京博物院藏

杖首由三角形凸箍和扁圓形箍分隔爲三部分，上部頂端立一鳩鳥，身布羽紋，鳩下飾兩圈雲紋；中部上飾卷雲紋一圈，下飾細雲雷紋，幷有鋸齒紋邊；扁圓形箍上滿飾蟠蛇紋；下部上飾細雲雷紋一圈，有鋸齒紋邊，下飾雲雷紋一圈。杖鐓亦同樣分爲三部分，紋飾與杖首相同，方向相反，唯杖鐓的末端爲一跪坐的人形，雙手幷放膝上，耳有短髮，腦後兩個髮髻，中部辮紋，軀幹和身上飾雲紋，似爲衣飾紋樣。根據出土情況復原該杖全長二二九·四厘米。同樣的立鳥杖浙江湖州和紹興均發現過。有人認爲鳩杖應爲權力象徵物，有人認爲此爲懸鼓的鳩柱。

七九　立鳥杖首及人形杖鐓

春秋晚期

杖首長二六·七、杖鐓長三〇·六厘米

一九九〇年浙江紹興漓渚中莊村出土

紹興縣文物管理所藏

杖首和杖鐓各由三角形箍和扁圓形箍分割爲三部分。其間飾有雲雷紋、三角蟬紋及蟠蛇紋等。杖首頂端立一鳩鳥，短喙，昂首，寬扁尾翹起，雙翅展開，滿身飾羽紋。杖鐓下爲一跪坐人形，梳髻，雙手扶膝，挺胸收腹，神態逼眞。它的髮形和身上的刻紋，是古越國斷髮紋身習俗的反映。

攝影：孫之常

八〇　鳳紋方鼎

春秋晚期

高二二·八、口縱二六·五、口橫二八·五厘米

一九六五年安徽屯溪弈棋出土

安徽省博物館藏

體方，扁平方耳，腹似方斗，平底。四足短矮，截面呈外圓內空的半環狀，外側似突起的獸面。腹部四面均浮雕鳳紋，兩鳳隔脊棱相對，花冠、長尾、利爪，無地紋，在橫長的兩面鳳紋前下方各飾有一大頭細尾的异獸，縱短的兩面鳳紋前下方有形似倒置的長撇點紋（又似逗號）。鳳紋的上下有粗細相配的橫線作界欄，鼎腹的四角嵌有雲形扉棱。作風迥异，別處罕見。

八一　火紋鼎

春秋晚期
高一九・八、口徑一八・一厘米
一九六五年安徽屯溪弈棋出土
安徽省博物館藏

口立扁薄方耳，口沿微外侈反卷，圓腹下部略外鼓。三柱足下端稍外侈，柱足內空尚存泥芯。外底有五個三角形相套的鑄紋。腹飾三組紋飾帶，每組有三個火紋、二個變形獸紋、半個四瓣目紋組成，且對應足三分，遺有鑄縫痕跡。雙耳內壁飾相對龍紋，足根飾變形獸面紋。此鼎腹的主紋將火紋、變形獸紋（舊稱夔龍紋）和四瓣目紋集中起來成帶狀是極爲罕見的。

八二　雷紋鼎

春秋晚期
高一八、口徑一四・三厘米
一九五九年安徽屯溪弈棋出土
安徽省博物館藏

口立雙耳，頸部稍斂，深腹，圜底。下腹略鼓，三足上粗下細，截面近半圓形，但柱足不直，向下內收，器腹側視爲橫方形。腹飾三組相對的斜角雷紋。此種紋飾往往用作陪襯，這裏作爲主紋，倒也別致新穎。腹範連足三分，外底有弧邊三角形鑄跡。

八三　四瓣目紋鼎

春秋晚期
高二四、口徑一九厘米
一九五九年安徽屯溪弈棋出土
安徽省博物館藏

口立較曲的扁耳，口沿稍侈，頸微斂，深腹，圜底，腹下部較大，三足是上粗下細略有彎曲的柱足，柱足內側有長條狀的內槽，器體較單薄。腹飾四瓣目紋、火紋、雷紋，雷紋爲兩個單位竪着連排。

八四 龍紋鼎

春秋晚期
高一二·二、口徑一四·一厘米
一九五九年安徽屯溪弈棋出土
安徽省博物館藏

口立雙耳，淺腹，圜底，腹下三足呈上粗下細的尖錐狀外撇，腹範三分，外底有五個三角形相套的鑄紋，最外邊的三角形尖爲足根所占據，三角邊中部內凹。腹飾龍紋，龍回首，龍上吻有分歧狀物，項部也有分歧物，龍紋帶共三組，每組三個龍紋。紋下有平實的鱗紋帶一周。三足外撇的鼎，有稱「越式鼎」，具有地區和時代的特點。

八五 百乳雷紋簋

春秋晚期
高一六·五、口徑二七·七厘米
一九五九年安徽屯溪弈棋出土
安徽省博物館藏

圓口，短頸，鼓腹，平底，低圈足。雙耳置鏤空扉棱。腹部滿飾低矮的乳釘，每個乳釘外套四道或五道極細的菱形方格雷紋。頸和圈足飾交連紋。給人富麗精美、悅目賞心的感覺，是爲吳越地區仿鑄中原同類簋之精品。

八六 幾何紋簋

春秋晚期
高一八·八、口徑二七·二厘米
一九六五年安徽屯溪弈棋出土
安徽省博物館藏

口微反卷，短頸，扁圓鼓腹，矮圈足。腹側置獸耳一對，垂珥。腹飾雲紋、橫豎平行線等幾何狀線條組疊的紋飾。腹部兩面各飾一有目、觸角、長翼的變形獸（兩面大同小异）。耳、頸和足飾交連紋。此簋耳垂珥是中原銅器的風格，腹部紋飾又是南方幾何印紋硬陶器紋飾的風味，南北合璧，別致生動。

八七　蛙紋簋

春秋晚期
高七、口徑九．五厘米
一九六五年安徽屯溪弈棋出土
安徽省博物館藏

圓口微侈，低束頸，扁鼓腹，矮圈足。腹部飾棘刺紋，這是一種變形紋飾，看不出是什麼物體變化的，紋由雙鈎線條分層交連，中着虛點構成。交連紋中有蛙紋，蛙是江南常見的小動物。簋腹紋飾的上下還以圈點紋爲界。這幾種紋飾和簋形都是地方特色的表現。

八八　蛙紋尊

春秋晚期
高一九．二、口徑一九厘米
一九五九年安徽屯溪弈棋出土
安徽省博物館藏

侈口，頸較短，折肩，鼓腹，低圈足。肩部飾四個蛙紋，頸、肩、腹、足交錯地飾極細的棘刺紋和交連紋，頸和圈足的上下還有鋸齒紋爲界。此尊的棘刺紋雖由雙鈎線條組織，但中間無虛點，紋上也無棘刺式針芒。

八九　幾何紋尊

戰國早期
高二〇、口徑一八．三厘米
一九八二年浙江紹興坡塘出土
浙江省博物館藏

敞口，高頸，扁圓腹，高圈足外侈，下連一周直壁。腹部上下以聯珠紋爲欄，其間滿飾變形幾何紋，在扁薄凸起的紋道之間，配以細線紋，并布滿極細小的棘刺紋。頸部下段及圈足上段飾纖細的交連雲紋和鋸齒紋各一周。此器胎壁甚薄，紋飾纖細繁密，設計精巧，反映了越國青銅鑄造業的高超技藝。

九〇　鳳紋卣

春秋晚期
高三四·五、口縱一二·三、橫一五·五厘米
一九五九年安徽屯溪弈棋出土
安徽省博物館藏

卣體橢圓形。有蓋，蓋鈕作花苞狀，蓋緣下折罩于器口，蓋飾交連紋，并有圈點紋爲界。有提梁，兩端作獸首。器頸飾相對的回首龍紋，中隔浮雕獸首。腹飾四組交冠的對鳳紋，腹正中還置一變形獸紋。龍、鳳紋的上下和中間也以圈點紋和繩紋爲界。圈足飾獸目交連紋。蓋、頸、腹、足的主紋空隙均以雲雷紋爲地紋，但不甚清晰。

九一　交連紋卣

春秋晚期
高三四、口縱一二·五、橫一五·六厘米
一九五九年安徽屯溪弈棋出土
安徽省博物館藏

卣體橫斷面作橢圓形，蓋緣下折罩住器口，蓋鈕作花苞狀，提梁置于器的兩側，兩端作獸首。蓋、腹、圈足飾交連紋。這卣數處紋飾的上下還以圈點紋、繩紋爲界，這都是江南地區青銅器特色的表現。卣在中原地區，西周晚期時已退出禮器的行列，而南方地區在春秋晚期又出現了，但被打上時代和地方的烙印。

九二　雲紋盒

春秋晚期
高一〇·八、口徑七·四厘米
一九六五年安徽屯溪弈棋出土
安徽省博物館藏

器連蓋側視爲上小下大的三層圓塔狀。圓弧頂蓋，小圓口，頸微束，寬肩，肩

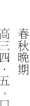

下收束，鼓腹，圈足。蓋和腹飾斜角雲紋，蓋飾以繩紋爲界，腹飾以圈點紋爲界，腹部雲紋在轉折或交接處有突出物似斧刀形。腹兩側置鏤空脊棱環耳，肩鉚接小環鈕。此器小巧精緻。

九三　龍紋盉

春秋晚期
高一三·六、口徑七·七厘米
一九六五年安徽屯溪弈棋出土
安徽省博物館藏

拱形蓋，敞口，束頸，分襠，三款足，前有管狀流，後有獸首鋬。蓋頂有龍首作鈕，龍首扁圓翹起，曲項向前，蓋面中部爲龍身和雲紋充塞，蓋邊飾變形龍紋，中以雙層繩紋爲界，蓋有環鏈與器相連。腹飾三組相對的歧身龍紋，頸飾二周弦紋，襠飾雙線V形弦紋。此器的鋬首與同墓的編織紋簋環耳的風格相同，用繩紋作界欄也是屯溪銅器群的裝飾特色。

九四　幾何紋龍獸盉

戰國早期
高二九厘米
一九八二年浙江紹興坡塘出土
浙江省博物館藏

小口，短頸，扁圓腹，三蹄足。曲頸龍首形短流，周身飾鱗紋，左右幷飾龍腿。龍角向後彎曲，角上及龍首兩側各出兩條昂首龍紋。器腹以四條絢紋爲欄，中間飾一周菱形幾何紋，上下各飾一周三角形幾何紋。覆盤式蓋面飾菱形幾何紋，以一頭粗壯的獸形蓋鈕爲中心，蓋上飾圓雕走獸十六個，昂首噬人的蛇十條。走獸有虎、鹿等，其中八個沿蓋一周排列（有四個殘缺），另八個呈十字形面向蓋鈕排列。獸形蓋鈕身上歧出六條昂首曲頸的噬人蛇，另有四條噬人蛇則伏地昂首。被噬人形有的僅露出臂部以下軀體，有的則下身被噬而露出頭手。龍形提梁飾菱形幾何紋，前後有兩段透雕棱脊，提梁上有一環，原應與蓋鈕上之8字形環鏈相連結。盉身後也有段透雕棱脊。三蹄足上飾浮雕龍紋，其間有一小立虎。這件盉紋飾生動別致，以龍蛇爲主的裝飾題材充分表現出越族文化的特色。盉上衆多圓雕動物形象採用分鑄法鑄出，加上各條昂首的龍蛇，其鑄造技術代表了當時較高的工藝水平。

九五　幾何紋方鑑

春秋晚期

高一一、口徑一三·六厘米

一九六五年安徽屯溪弈棋出土

安徽省博物館藏

體方，口微外侈，頸略收，腹較鼓，平底，方圈足。腹飾橫豎平行線條組成的幾何紋，有稱爲編織紋，也有稱爲蓆紋，類似南方竹、葦等編織物上常見的紋飾。腹上還加飾一變形獸紋。頸、足飾交連紋。這類較小的器物，實用的可能性是很小的。

九六、九七　透雕龍紋盤

春秋晚期

高九·五、口徑三二厘米

一九六五年安徽屯溪弈棋出土

安徽省博物館藏

大圓口，淺腹，圈足。附耳自盤腹上伸，高度低于盤口。盤壁四周鏤空作雲紋，鏤空的八朵雲紋壁內外，又陰刻獸面紋，盤底飾蟠龍紋，浮雕的龍首前又浮雕一個二目四足的動物，蟠龍環繞盤底，龍身陰刻鱗紋，圍以雲紋一周。兩耳外側也飾有獸面紋，盤腹外還有雲形扉棱，圈足飾雲紋。全器紋飾精美，有玲瓏剔透的感覺。

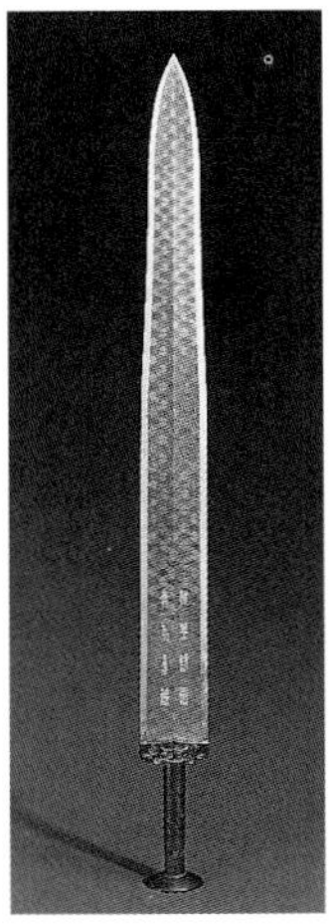

九八　變形獸紋盤

春秋晚期
高九・三、口徑三一・五厘米
一九五九年安徽屯溪弈棋出土
安徽省博物館藏

大圓口，淺腹，底較平，圈足壁直。兩側有一對長方形附耳，耳高與盤口齊平，并緊靠腹部。腹飾變形獸紋帶，紋作一正一倒，有頭上舉，有冠無目，軀體是雙鈎線條，每隔一段填實，顯出虛實相間的節紋，尾下卷。足飾交連紋。腹、足紋飾的上下還以圈點紋爲界。耳外側飾折線紋。

九九　變形蟠蛇紋鑑

戰國早期
高一六、口徑四〇厘米
一九八二年浙江紹興坡塘出土
浙江省博物館藏

口沿方折，頸略收，肩稍斜，平底。口沿及肩端飾勾連雲紋，頸、腹飾空心乳突狀的變形蟠蛇紋。

一〇〇　越王勾踐劍

春秋晚期
長五五・七、寬四・六、柄長八・四厘米
一九六五年湖北江陵望山出土
湖北省博物館藏

圓柄上纏以絲繩。劍首向外翻卷作圓箍形，內鑄有十一道圓圈。劍格正面以藍色琉璃，背面以綠松石鑲嵌花紋，劍身滿飾黑色的菱形暗紋。近格處有「越王鳩淺自乍用鐱」二行八字鳥篆銘文。保存完好，刃薄而鋒利。出土時劍插于黑漆鞘裏。

（劉家林）　攝影：孔立航

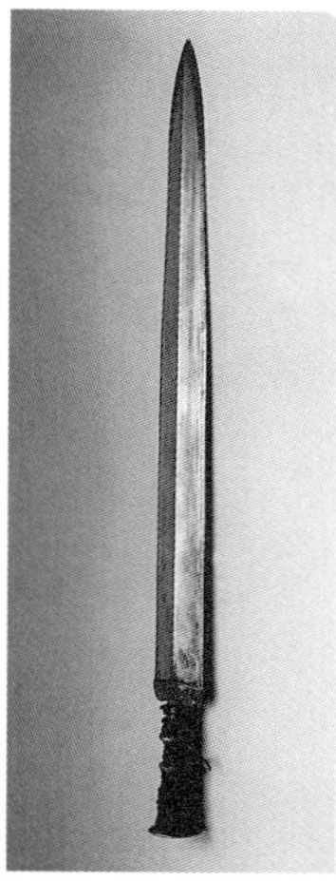

一〇一—一〇四　越王者旨於賜劍

戰國早期
長五二·四厘米
浙江省博物館藏

劍作斜寬從寬格式。中脊起線，兩從斜弧，雙刃呈弧形于近鋒處收狹，然後前聚成鋒。倒凹字形寬劍格，圓莖上有兩道凸箍，箍上飾勾連雲紋，劍莖上絲質纏緱保存較好。圓盤形劍首鑄有同心圓凸棱五道。劍格兩面鑄雙鈎鳥書銘文八字：「戉（越）王者旨於賜」，此即越王句踐之子鼫與。此劍附有黑漆劍鞘。

攝影：鄭旭明

一〇五　鳩柱房屋模型

戰國早期
高一七、面寬一三、進深一一·五厘米
一九八二年浙江紹興坡塘出土
浙江省博物館藏

屋頂作四坡攢尖式，上有八角形立柱，柱上塑一大尾鳩。屋爲三開間，正面敞開，無牆、門，立明柱兩根。左右兩壁爲鏤空長方格形，後壁中間開一小窗。立柱飾S形雲紋，屋頂、後壁及屋階飾典型越文化青銅器上習見的勾連雲紋。屋內跪坐六人，其中二人雙手交置于腹部，似爲歌者，其餘四人分作擊鼓、吹笙、撫琴狀，當爲樂師，形象而生動地描繪了當時的音樂生活。此種形式的房屋模型在青銅器中僅此一例，對研究古代南方房屋建築及音樂史均極具價值。

一〇六　鳥紋單柱器

春秋晚期
高一四、足縱一〇·九、橫一一厘米
一九六五年安徽屯溪奕棋出土
安徽省博物館藏

器上有單柱，中空，有箍，箍下穿孔，柱下穿入座腹。座頂方形，頂小足大，腹空，四壁下弧，形似方罩。腹飾對鳥紋，鳥紋爲平實的寬線條，圍以二或三道回

紋，回紋和鳥紋中填細短的斜線，四面紋飾基本相同，局部稍异。柱飾細線三角紋。

一〇七　獸紋人形足方座

戰國早期

高一六、邊長六厘米

一九八二年浙江紹興坡塘出土

浙江省博物館藏

盝頂直壁形方座，上有四面八棱形中空插柱。插柱四面飾交體龍紋，加飾雲紋邊框。方座每面飾鳳首龍體之异獸，原鑲嵌的綠松石現已大部分脫落。方座四角以跪地人形作墊脚，人形作雙手及雙膝着地，引頸昂首，雙目前視。人首有角髻，腰纏寬帶，身飾雲雷紋。方座內灌鉛，使之重達十公斤，據研究，此器用途有如楚墓中常見的鎮墓獸方座器。

一〇八　五柱器

春秋晚期

高三一、足縱二〇、橫二一·五厘米

一九五九年安徽屯溪弈棋出土

安徽省博物館藏

器上有五根圓柱，橫列于長方形的脊基上，距離互等。下爲空腔方座，四角刓圓，四壁微鼓。腔內仰視脊基處爲一較淺窄的長溝槽。腹飾無虛點的交連紋，脊基飾卷曲雲紋，出土同器兩件。有人認爲是樂器，但五柱不具樂器發音效果。

一〇九　幾何紋鼎

春秋中期

高二六、口徑二八厘米

一九七五年湖南湘潭古塘橋出土

湖南省博物館藏

侈耳，折沿，淺腹，圜底，三蹄足較高略內聚。腹飾幾何紋一周，雙耳外側亦飾相同的紋飾。

一一〇 幾何紋鼎

春秋中期

高二一、口徑二三厘米

一九七五年湖南湘潭古塘橋出土

湖南省博物館藏

立耳，折沿，淺腹微鼓，圜底，三足細長外撇，足爲空心，一足內側作空槽形，是爲「越式鼎」的典型式樣之一。腹飾幾何紋一周，下接一周三角形幾何紋。雙耳內側飾幾何紋。

一一一 變形交龍紋鼎

春秋中期

高二〇·五、口徑二五厘米

一九六三年湖南衡南保和圩出土

湖南省博物館藏

立耳，折沿，淺腹，三蹄足。腹飾方折的變形交龍紋。

一一二 變形火龍紋鼎

春秋中期

高一九·二、口徑一三·六厘米

一九七八年湖南資興舊市出土

湖南省博物館藏

立耳，侈口，束頸，腹斜呈垂腹之勢，平底，三足較高而內聚，足內側作空槽形。雙耳內側飾相向的變形龍紋，腹飾相間隔的火紋及變形龍紋各九個，上下各以一周燕尾形曲折紋爲欄。這種在春秋時期青銅鼎上仿鑄商周之際中原地區青銅器上流行紋飾的做法，在湖南及安徽屯溪等地出土的青銅器上屢有發現。

一一三　蟠蛇紋鼎

春秋晚期
高五五·五、口徑五七厘米
一九七一年廣西恭城秧家出土
廣西壯族自治區博物館藏

長方形附耳，折沿，頸略收，深腹，圜底，三蹄足。雙耳內外兩側以及頸、腹部均飾細密的蟠蛇紋，腹部間飾綯紋兩道，腹下飾三角紋一周，內填蛇紋，蹄足獸面紋上加飾一對龍紋。此鼎器型偉壯，紋飾精麗，爲南方出土的青銅器中所罕見。

攝影：王夢祥

一一四　垂鱗紋盆

春秋中期
高二一、口徑二四厘米
一九六三年湖南衡南保和圩出土
湖南省博物館藏

環形捉手較粗大且外侈，弧頂蓋可却置，蓋沿有三個齒扣，可與器沿相扣。器折沿，斂頸，肩稍折，腹較深，平底，兩環耳。蓋捉手內飾鱗紋三周，蓋面飾三角形幾何紋一周，餘飾垂鱗紋。頸飾粗壯方折的雷紋一周，腹飾垂鱗紋。

一一五　變形幾何紋尊

春秋晚期
高一一九、口徑一八厘米
一九七一年廣西恭城秧家出土
廣西壯族自治區博物館藏

大敞口，束頸，垂腹，圈足。頸飾一周鋸齒紋，下連數行細線幾何紋，在肩部兩行實心聯珠紋之間飾兩道雷紋。腹飾大的菱形幾何紋四組，內有寬條雲紋，在每一個菱形邊框內，各有兩行棘刺狀乳突，腹底是一道雷紋。圈足飾寬條雷紋，下接鋸齒紋。這件尊器形有如西周中期中原地區尊的式樣，紋飾却具有典型的越文化特徵。

攝影：王夢祥

一一六　蛇噬蛙紋尊

春秋晚期

高一六、口徑一六・八厘米

一九七一年廣西恭城秧家出土

中國歷史博物館藏

大敞口，束頸，垂腹，圈足。頸、腹紋飾均作兩蛇共噬一蛙的圖案，幷以規整的雷紋作地。腹部紋飾的蛇首及被噬之蛙皆凌空突出器表，在每組圖案中還飾有鱷、蛇、蛙等動物。紋飾中還有建鼓及鳩柱的圖案，這在青銅器紋樣中極少見。圈足飾寬條雷紋。此尊裝飾極具地方特色，是南方百越文化青銅器中的典型之作。

攝影：孔立航

一一七—一二〇　蛇紋尊

春秋晚期

高二一厘米、口徑一五・五厘米

一九六三年湖南衡山霞流市出土

湖南省博物館藏

大敞口，直頸，垂腹，圈足。口內壁飾兩條或三條一組昂首相對的蛇紋。頸飾以鋸齒紋爲邊框的三角雲紋，下連兩行不甚規整的斜角雲紋。腹部紋飾在五個正反相間的多邊形線框內，飾群蛇糾結蠕動的圖案。圈足飾雲紋，幷以鋸齒紋作底邊。或稱此尊紋飾爲桑蠶紋，但從口沿紋飾表現出的蛇類特徵來看，似不確切。此尊紋飾生動，立體感較強，表現了古代百越地區高超的鑄造技藝。

一二一　獸形尊

戰國早期
高五三・七厘米
一九九一年七月廣西賀縣沙田龍中山巖洞墓出土
賀縣博物館藏

獸首耳，角直立，張頜露齒，雙目圓睜，鼻梁與鼻孔用卷雲紋、渦紋勾出。獸體粗壯，腹空，背部開橢圓形孔，有蓋。蓋略拱，有鏈與頸部環鈕相連。蓋面飾浮雕盤蛇，蛇身飾鱗紋，蛇頭昂起形成蓋鈕。獸頸、腹部飾變形蟠龍紋，并襯以粗疏的雷紋。器後置一條直立曲尾攀附的龍形鋬，龍爲獨角、圓睛、張吻，飾葉形鱗紋。器四足短矮，內側空槽。此器器形、紋飾均受中原文化影響，但其裝飾風格仍表現出濃厚的百越文化特徵。

一二二—一二五　蛇紋卣

春秋
高五〇、口徑二四・四厘米
一九八八年湖南衡陽出土
衡陽市博物館藏

蓋微隆，蓋沿略向內斜，垂腹，蓋頂有四阿形方鈕，并有四條鏤空棱脊。頸部兩側置龍首提梁，提梁飾細密的鱗紋。蓋面以棱脊劃分爲四區，每區內飾相對的兩條卷體蛇紋，間飾蛙紋或小蛇紋。器腹在寬條的幾何雲紋上飾有對稱的卷體蛇紋，蛇尾上翹高出器身，中有一橫置的蛙形紋飾。相似裝飾題材的青銅卣在湖南多有發現，表現出強烈的地方特徵。

一二六　變形龍紋卣

春秋晚期
高二八・五、口縱一〇、口橫一二・五厘米
一九八五年廣西武鳴元龍坡出土
廣西壯族自治區博物館藏

直壁蓋沿較高，蓋面隆起，圈形捉手。腹鼓，圈足較高。繩索狀提梁，兩端作

獸首形。蓋面、器頸飾變形龍紋。此器爲西周時期中原地區青銅卣的仿鑄品。

攝影：王夢祥

一二七　蟠蛇紋盥缶

春秋晚期
高二九、口徑一九・二厘米
一九六五年湖南湘鄉大茅坪出土
湖南省博物館藏

隆蓋，有圈形捉手。斂口，直頸，圓肩，鼓腹，平底，肩設獸首耳一對。蓋面、腹部飾細密的蟠蛇紋，肩飾三角紋，肩、腹間有四個高突的圓形火紋。

一二八　蟠龍紋罍

春秋晚期
高三九・五、口徑二〇厘米
一九七一年十一月廣西恭城秧家出土
廣西壯族自治區博物館藏

蓋微隆，圈形捉手，另設四個環鈕，蓋沿有三個齒扣，可扣合于口沿。器圓口直頸，圓肩，深腹，圈足，肩有回首狀獸耳一對。蓋飾蟠蛇紋，肩有繩紋一道，上有圓突的飾蟠龍紋之火形四個，腹飾幾何紋、蟠蛇紋、蟠龍紋、繩紋各一周，除浮雕狀的蟠龍紋外，其紋飾均較淺細。

攝影：王夢祥

一二九、一三〇　獸面紋龍流盉

春秋早期
高二六・二、口徑一四・二厘米
一九七四年廣東信宜光頭嶺出土
廣東省博物館藏

盉身似鬲，口沿外侈，流較長，三足分襠。頸飾一周龍紋。肩上有一條斜角雷紋。腹分襠，每一袋腹飾由雷紋構成的獸面紋，兩組獸面紋之間各有夔龍一條。蓋

和流上飾龍紋，龍頭是立體的。鋬手由兩條鏤空的夔龍相合而成，兩夔龍之間有小圓柱相連，上部的小圓柱與盉身特鑄的一條小龍的口相連構成鋬手。此器造型美觀，工藝精巧。

（黃　靜）

一三一　變形蟠蛇紋盉

戰國
高二九、口徑一二厘米
一九七七年廣東羅定南門垌出土
廣東省博物館藏

直口，圓肩，圓腹，圜底，鋬耳，半環形提梁，三足。肩上和下腹分別飾二條三角紋，中間是二條S形組成的變形蟠蛇紋和三條繩紋。平蓋上有四周S形變形蟠蛇紋，鈕上有鏈與提梁相連。提梁作龍形，前有雙角和蟠龍紋構成的龍頭，後邊是尾，身上前後有脊。盉嘴爲獸頭形，張口豎耳，嘴上飾細雷紋。盉鋬由蟠龍紋組成。三足飾蟠蛇紋。

（黃　靜）

一三二、一三三　變形蟠蛇紋鑑

春秋晚期
高一四、口徑三二·九厘米
一九六五年湖南湘鄉牛形山出土
湖南省博物館藏

折沿，淺腹，獸形銜環耳，平底附三個獸形矮足。口沿飾雷紋，頸、腹飾無數空心圓突狀目紋的變形蟠蛇紋，間飾雷紋、綯紋等，腹下部飾S形變形蟠蛇紋。此器通體施紋，在此類鑑中較爲罕見。

一三四　蟠龍紋鑑

戰國
高一四·二、口徑三六·六厘米
一九七七年廣東羅定南門垌出土

廣東省博物館藏

直口平沿，腹微鼓，平底加三個乳釘式矮足。頸腹部飾細密的變形蟠龍紋，下有一周三角形幾何紋。雙耳已脫落。此器形制與長江流域以南各地出土的相似，說明先秦時期南方百越之間有着密切的文化關係。（黃　靜）

一三五、一三六　蟠龍紋鑑

戰國

高二四·二、口徑四〇·八厘米

一九八三年廣東羅定背夫山出土

廣東省考古研究所藏

直口，平沿，弧腹，平底加三矮足。腹部有對稱的絢紋環鈕兩個，頸腹之間有對稱豎立的兩個獸形耳，耳上部爲蟠龍紋組成的獸面，下部作卷尾狀。頸、腹飾三組蟠龍紋，頸與腹之間有一周繩狀弦紋凸起。器大而厚重。（黃　靜）

一三七　變形龍紋盤

春秋晚期

高一〇·五、口徑三〇·三厘米

一九八五年廣西武鳴元龍坡出土

廣西壯族自治區博物館藏

平折沿，淺腹，附耳，高圈足，圈足內有一個半環鈕。盤內底飾六瓣花紋，外圍以三道鱗紋。腹壁飾變形龍紋，圈足飾變形斜角雲紋。

攝影：王夢祥

一三八　變形獸面紋鐘

春秋晚期

高三九、銑間二三、鼓間一四厘米

衡陽市博物館藏

橋鈕，鐘體修長，于平。兩銑出變形花冠鳳鳥形棱脊。鐘體飾上下兩組雙目及鼻梁突出的變形獸面紋，以乳釘紋及雷紋爲邊框。此鐘紋飾頗具匠心，突顯的雙目，平添了幾許莊重與威嚴，表現出湖南地區青銅樂器的獨特風格。

一三九　人首柱形器

戰國

高二一．五厘米

一九七三年廣東四會鳥旦山出土

廣東省博物館藏

分人首與柱體兩段。上段如人的胸以上部分，下段爲長方形柱體。人頭顱頂較寬，兩圓耳，眼眶深陷，有睛，縮腮，吻部凸出，嘴較大。柱體下端有長條形插銷。這類器物目前僅在廣東和廣西發現，在廣東主要發現于西江兩岸地區的青銅器墓葬。此器多是兩對四件立放于墓室前後兩端，面朝墓外，是當地古越族特有的隨葬器物和葬式。它可能是一種儀仗器，也是古越族獵頭風俗的反映。

（黃　靜）　攝影：劉谷子

一四〇、一四一　象紋鐃

春秋

高七一、銑間四六．五、鼓間三五．六厘米

一九五九年湖南寧鄉老糧倉出土

湖南省博物館藏

甬粗壯，中空與鉦腔相通，旋寬厚。鼓飾獸面紋，兩側置倒立的龍紋，左右各有一卷鼻象紋。鉦部是一個由高突粗壯線條組成的變形獸面紋，粗線條上加刻雲雷紋。兩銑及舞沿飾浮雕的虎紋、魚紋，間飾火紋。甬飾雲雷紋，有兩火紋有如獸目，旋上有起翹的耳形紋飾。這件鐃的紋飾粗放而不失精美，具有較強的立體感。

一四二　變形獸面紋鐃

春秋

高一〇三．五、銑間六九．五、鼓間四八厘米

一九八三年湖南寧鄉月山鋪出土

長沙市博物館藏

甬中空與鉦腔相通，有旋，口部不甚弧曲。鉦部是弧形粗線條組成的變形大獸面紋，獸目作螺旋形塊狀，上飾雷紋。鉦部四周及甬上滿飾雷紋。鼓部以雷紋爲

地，中間飾兩個舉鼻相向而立的象紋。旋飾體軀向兩側卷曲展開的獸面紋。這件鐃重達二二一・五公斤，是迄今發現最大的青銅鐃。

一四三、一四四　變形獸面紋鐃

春秋
高六九・五、銑間四七、鼓間三四・五厘米
一九五九年湖南寧鄉老糧倉出土
湖南省博物館藏

鉦部主紋是弧形粗線條組成的變形獸面紋，雙目作螺旋形塊狀。鼓部飾獸面紋，兩側飾虎紋，以細雷紋作地紋。旋飾雙目突出的細線獸面紋，甬飾三角形垂葉紋。

一四五　變形獸面紋鐃

春秋
高八四、鼓間四五、銑間六三・五厘米
一九七七年湖南寧鄉老糧倉出土
湖南省博物館藏

鉦部以大的變形獸面紋作主紋，鼓部中間飾一個以細線紋組成的變形獸面紋，餘飾雲雷紋。

一四六　雲紋鐃

春秋
高六七、銑間四九・八、鼓間三一厘米
一九七三年湖南寧鄉三畝地出土
湖南省博物館藏

通體飾雲紋，鼓部以細線作變形獸面紋構圖。鉦部左右各有一塊長方塊突起作獸目形。

一四七　雲紋鐃

春秋

高五一·四、銑間四〇·三厘米

一九五九年十月浙江長興上草樓出土

浙江省博物館藏

甬粗短中空，與鉦腔相通，甬上有旋。鉦起中脊，于略弧曲。通體飾雲紋，鉦部左右各置三排半球體圓渦形枚，鼓部中央作長方形突起，飾細線勾勒的變形獸面紋。甬飾雙目突出的變形獸面紋，旋上有翹起的耳形紋飾。此鐃紋飾布局嚴謹穩重，製作工整精麗，表現出極高超的鑄造技藝。

一四八　雲紋鐃

春秋

高七六·八、銑間五六·六、鼓間三三·八厘米

一九七八年十二月福建建甌黃科山出土

福建省博物館藏

鼓部飾變形獸面紋，在通體粗放的雲紋中置三排半球形圓渦紋枚，甬飾變形獸面紋。此爲福建出土最大的青銅器。

攝影：張　平

一四九　變形獸面紋鐃

春秋

高四六、銑間三一厘米

一九七四年江蘇江寧橫溪塘東村出土

南京博物院藏

鐃柄與器身內腔相通，于部略內收成弧形。體表滿地聯珠紋，主體鑄印粗細卷雲紋勾勒的變形獸面，雙目突出。舞部有卷雲紋，鼓部平雕小獸面。安徽潛山、江西新干大洋洲曾出過類此的鐃。

一五〇　勾曲紋鐃

春秋

高五一、銑間三一・五厘米

一九六二年江西新余界水出土

江西省博物館藏

凹弧口，截面呈合瓦狀，體稍瘦長，舞面平，衡上鼓突一圈爲旋，旋上無斡，甬空與體腔相通。每面鉦有十八個枚，枚作雙疊圓臺狀。篆部飾變形獸紋，隧部有渾粗勾曲紋，旋上有四組兩「C」形相對變形雲紋。

（王　寧）

一五一　庚兒鼎

春秋中期

高四三、口徑四八厘米

一九六一年山西侯馬上馬村出土

山西省博物館藏

折沿方唇，頸略收，深腹，圜底，三蹄足，長方形附耳。頸、腹飾龍紋，間以凸弦紋兩道，蹄足上飾獸面紋。腹內壁鑄銘文三行二十九字，記徐王之子庚兒作此飤鼎。此鼎同出二件。

一五二　䣄鄦尹朁湯鼎

戰國早期

高四〇・八、口徑一九・二厘米

一九八一年浙江紹興坡塘出土

浙江省博物館藏

覆盤形蓋，環形蓋鈕，另置三個立獸形鈕。小口，短直頸，扁球形腹，三蹄足，環形立耳作雙頭龍紋曲體拱背之形。蓋面飾交龍紋，綯紋，及變形蟠蛇紋，腹部飾火紋一周，以變形蟠蛇紋及綯紋作其邊框，上下有三角形紋作界欄。蓋內，器肩鑄相同的銘文四十四字，記䣄（徐）鄦尹朁作此湯鼎。

一五三、一五四　交龍紋罍

戰國早期
高四一·五、口徑二八厘米
一九八一年浙江紹興坡塘出土
浙江省博物館藏

小口，卷唇，短頸，圓肩，深腹，平底下承三個小短足，環耳附雙連提環。肩飾三角形紋，腹壁有綯紋凸棱四道，其間飾交龍紋，作長方形和菱形構圖。肩部有銘文一周，約十餘字，因殘泐而未能通讀。

一五五、一五六　蟠蛇紋盉

戰國早期
高二六厘米
一九八一年浙江紹興坡塘出土
浙江省博物館藏

蓋面平坦，置四個環鈕，中間設一半環鈕。盉甑部作缽形，下作鬲的式樣。曲頸獸首流，圓管形柄。蓋面中央飾交龍紋八條，餘飾變形蟠蛇紋，甑飾不同構圖的蟠蛇紋兩道，下飾三角形垂葉紋一周。鬲部上下以三角形垂葉紋爲欄，中間飾寬體蟠龍紋一周。柄端亦飾三角形紋。此種形制的盉多見于江淮流域，器多樸素無紋，似此器滿飾花紋的極爲罕見。

一五七　蟠蛇紋鑑

春秋晚期
高一八·一、口徑四二厘米
一九七四年江西清江（今樟樹市）臨江鎮出土
江西省博物館藏

直口，平折沿，窄折肩，平底，設三小足。腹側有一對各有兩個上下排列的柱狀突出物，原爲套鑄兩耳之用。鑑身厚實，色呈翠綠。器身外壁布滿紋飾。唇沿外側布纖細雷紋，頸部飾突起的浮雕蟠蛇紋，肩上下各有一圈堆繩狀弦紋，折肩面亦布纖細雷紋。腹部主題紋樣也爲浮雕蟠虺紋，近底部是三層重疊的三角葉形雷紋，一圈堆繩弦紋將兩種紋飾分隔。器表紋樣繁縟、緊湊、規整、精美。外底中央有一陽紋銘記。

（王　寧）

一五八　徐王義楚盤

春秋晚期
高一四、口徑三七·六厘米
一九七九年江西靖安水口出土
江西省博物館藏

大口，折沿，腹斜收，平底，鋪首環耳。口沿飾雲紋，頸飾有空心乳釘狀突起的變形蟠蛇紋，頸腹間有綯紋一道，腹飾密集的橫條溝紋。器內底鑄銘文十二字，記郐（徐）王義楚自作盥盤。史載義楚爲王在公元前五三六年之後，此爲有相對紀年的徐國器。

一五九　徐令尹旨𦉢爐盤

春秋晚期
高一九、口徑五五厘米
一九七九年江西靖安水口出土
江西省博物館藏

整體厚重，形制巨大，分盤體和底座兩部分。盤爲直口，斜沿，突唇，直腹，平底。腹壁有兩個對稱的環鏈狀附耳，器腹滿飾規整的蟠蛇紋，似雲雷紋組合。底座爲一直徑四十五厘米的圓環，上置十個獸首銜環狀的支柱，尾端承盤體。環座與支柱均飾繩索狀弦紋。

盤內底中央鑄一行銘文，共十八字：「雁君之孫郐邻尹者旨𦉢，擇其吉金，自作盧盤」。

（王　寧）

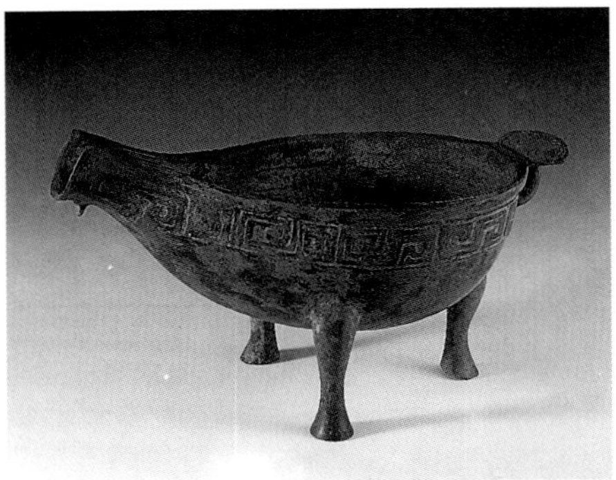

一六〇　獸體卷曲紋匜

春秋中期

高二〇・六厘米

一九七二年安徽繁昌孫村出土

安徽省博物館藏

器如瓢形，流短身胖。圜底，三蹄足。腹飾獸體卷曲紋。流下有乳釘，匜後有環鋬，鋬頂接沿處有平面扇形尾，尾面飾一對卷曲雷紋。

一六一　龍紋匜

春秋中期

高一六・七厘米

一九八一年安徽天長譚井村出土

天長市博物館藏

體如瓢形，前有流，後有鋬，蹄足。腹飾龍紋，間以卷曲紋。流下有一乳釘，環鋬頂端有平面扇形裝飾，面上飾雲雷紋。扇形飾和乳釘是這類匜的地方性特徵。

一六二　⿰甚阝⿰六阝鎛

春秋晚期

高二三・三—三一・五、銑間一四・七—二三・二厘米

一九八四年江蘇丹徒大港北山頂出土

南京博物院藏

交龍鈕，舞、篆飾交龍紋，枚爲盤龍狀，鼓部兩兩相對的龍紋。一面左右鼓部和鉦間有銘文七十二字，其中重文四字，鎛五件，銘文排列不盡一致，字形微有差异，有的缺字。作器者爲徐王後裔⿰甚阝⿰六阝，其父尋楚⿰甚夫，與義楚同輩，⿰甚阝⿰六阝則與章羽同輩。

一六三　僕兒鐘

春秋晚期
高二二·五、銑間一二·六厘米
上海博物館藏

鈕鐘，鈕的下半部爲透雕的雙龍組成，鈕上飾三角形幾何紋。舞、篆、鼓各飾體軀上有羽翅形翹起的變形獸體紋，據銘文可知，此爲徐國之器。僕兒鐘是編鐘，傳世有四件。

一六四　龍紋鼎

春秋早期
高二二、口徑二二·五厘米
一九七一年安徽肥西柿樹崗小八里出土
安徽省博物館藏

圜口，方唇，淺腹，圜底。立耳略外侈，蓋如平板，上有扁鼻鈕，兩耳對應處有凹口可卡住防滑。腹飾龍首紋，紋作方形龍首，吐舌而無身軀。蓋飾獸體卷曲紋，足根部飾獸面紋。此墓出土同樣的鼎兩件。

一六五　變形獸紋鼎

春秋中期
高二七、口徑二四厘米
一九七四年安徽六安孫家崗思古潭出土
安徽省博物館藏

立耳外侈，平沿方唇，圓腹微鼓，圜底，平蓋，蹄形足。平蓋中置鼻鈕，對應兩耳處有凹口可卡入耳根，使蓋不易滑落。蓋面飾雙鈎變形獸紋。上腹飾變形獸紋，紋中有一目，上下左右有對稱一長一短的放射狀肢體，或似兩獸體共一目，下腹飾變形蟬紋。腹紋間隔以扉棱。此墓出土同樣的鼎兩件。

一六六　雷紋鼎

春秋中期

高二七·七、口徑二九·五厘米

一九八二年安徽懷寧金拱楊家牌出土

懷寧縣文物管理所藏

方耳外侈，圜口，鼓腹，圜底，蹄形足，三足內聚，外底有三角形鑄跡。耳和上腹飾方格雷紋，下腹飾變形蟬紋，腹上下分設長方形扉棱六個。同墓出形制、紋飾相同的鼎兩件。

一六七　獸體卷曲紋鼎

春秋中期

高一八·七、口徑一七·四厘米

一九七五年安徽壽縣蕭嚴湖魏崗出土

壽縣博物館藏

方耳立于口沿，略外侈，平沿方唇，圜腹，圜底，蹄足。耳外側飾凹弦紋，內填聯珠紋。腹飾弦紋、獸體卷曲紋，間以斜角雲紋。外底有三角形鑄跡和烟跡。

一六八　獸體卷曲紋鼎

春秋中期

高三一·八、口徑二六厘米

一九八八年安徽舒城河口幸福村窖場出土

皖西博物館藏

附耳，有蓋，子口內斂，扁鼓腹，圜底，蹄形足。蓋緣下折，却置如盤，蓋邊分列三個矩形鈕，蓋中立扁平環鈕。蓋和腹飾獸體卷曲紋，矩形鈕飾雷紋，耳飾圓點紋。此墓出同樣的鼎兩件。

一六九　交龍紋鼎

春秋中期
高二五·五、口徑二〇·五厘米
一九五九年安徽舒城鳳凰嘴出土
壽縣博物館藏

附耳，有蓋，子母口，腹部較寬，下腹外鼓，圜底，蹄形足。蓋緣下折如盤，蓋面分置三個矩形鈕，還附有一根穿過蓋鼻直達兩耳中間的銅棍。蓋飾一圈獸體卷曲紋，腹飾交龍紋，耳飾聯珠紋，形如下凹的圓點。形制和紋飾相同的鼎一墓中出土兩件。

一七〇　獸首鼎

春秋中期
高二七·七、口徑一九·八厘米
一九五九年安徽舒城鳳凰嘴出土
壽縣博物館藏

附耳，有蓋，口曲，腹下較大，蹄形足。鼎前伸出一獸首，獸首上聳兩隻犄角，突起圓眼。獸首內空與鼎腹相通，但獸嘴無孔。鼎後有脊棱作尾，蓋面有環鈕，蓋前翹與獸頸相合，鼎底較平，有三角形鑄跡。蓋、頸和腹部飾變形獸紋和獸體卷曲紋，腹前兩側各飾一蟠龍紋，角飾雷紋，耳飾圓窩紋。此鼎和舒城、懷寧、廬江等地出土的鼎形制相同，但尺寸大小和紋飾以及製作精細略有區分。這種獸首嘴部沒有流口的鼎，應是禮儀和裝飾上的需要。

一七一　羊首鼎

春秋中期
高一一、口徑九·二厘米
一九七五年安徽壽縣蕭嚴湖魏崗出土
壽縣博物館藏

子母口，圓腹，圜底，扁足外鈎，一側突出羊首，羊頭飾一對卷角，昂首前視。羊的頸、胸與器腹相通，垂而略鼓，但羊嘴無孔不起流的作用。有平蓋，中置半環鈕，一側作扇形尾下斜，上飾雷紋，相對的一側有凹口，可納入羊頸。蓋沿鑄凸棱一周，可扣入器身口內。是江淮間的新穎器物。

一七二　交龍紋方簋

春秋中期
高六·二、口徑八厘米
一九七一年安徽肥西柿樹崗小八里出土
安徽省博物館藏

器方形，簋蓋四角翹起，可却置，子母圓口，鼓腹，器四面置四環，下附矮方圈足。滿身飾交龍紋和龍紋。圈足飾V形紋，有稱雁行紋。形制新穎小巧。

一七三　鱗紋盉

春秋早期
高一九·二、口徑一五·二厘米
一九七一年安徽肥西柿樹崗小八里出土
安徽省博物館藏

上爲斂口鉢式，下呈鬲形，短流，流左側置曲鋬。口下飾細線鱗紋一周。此盉與常見的盉不同，有人依形狀稱爲鬲形盉或甗形盉。但此類盉腹部設短流，盛水僅能灌到器腹的中部，只及整器容量的三分之一。有銅製或陶製的這種盉，口下有箅或做成箅孔，這與常見盉的功能是不一樣的。江淮間出土此類异形盉有十餘處，頗具地方特點。

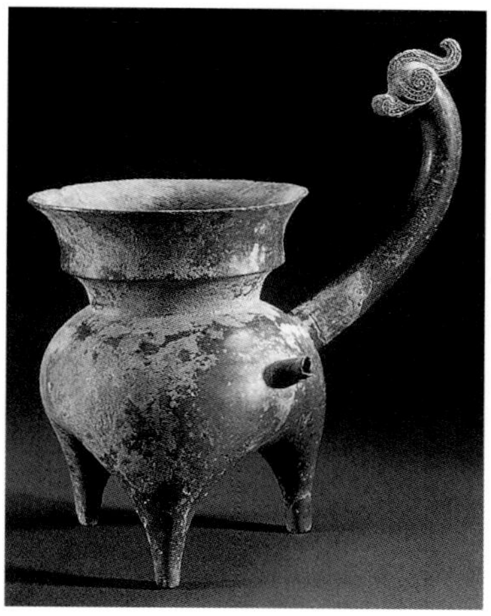

一七四　獸鋬盉

春秋中期
高一七、口徑一四·四厘米
一九七三年安徽廬江泥河盛頭胡崗出土
安徽省博物館藏

盉上部作盤口束頸式，下部款足鬲狀，腹部有一短流。鋬爲長曲柄，高過盉口，器身樸素無飾紋，但鋬端作獸頭，獸作回首探視盉中之狀，形象生動。

一七五　卷鋬盉

春秋中期
高二〇·二、口徑一一·五厘米
一九八九年安徽六安燕山村出土
安徽省博物館藏

蓋頂有蘑菇形捉手，却置成碗狀。器作鬲形，子口，豐肩，款足。腹側有曲鋬，鋬分兩段，中有銎，似可塞物連接，銎端上下各有一穿用來加固。腹中有短流，可傾倒盉內液汁。蓋、肩飾極細的變形雷紋，襠底有煙炱。

一七六　獸目交連紋匜

春秋早期
高一七、長三一厘米
一九七一年安徽肥西柿樹崗小八里出土
安徽省博物館藏

長槽流，曲緣，直口，深腹，圜底。扁平四足，足上飾獸面，下作蹄足。腹飾獸目交連紋，口下飾尖角雲紋。鋬端作龍首，龍口銜沿，作飲水狀。匜是水器，故有此類裝飾。

一七七　鱗紋匜

春秋中期

高二四·四、長四六厘米

一九七五年安徽壽縣蕭嚴湖魏崗出土

壽縣博物館藏

瓢形，流部微翹，龍首鋬，蹄形足。流、腹飾鱗紋和弦紋，鋬外側飾鱗紋，鋬兩側飾斜角雲雷紋。這是江淮間出土較大的匜。

一七八　交龍紋匜

春秋中期

高三一·四、長五六厘米

一九八二年安徽懷寧金拱楊家牌出土

懷寧縣文物管理所藏

器呈瓢形，流部微翹，匜後龍形作鋬，三蹄形足。腹部飾交龍紋，下有五道弦紋。鋬爲雙角龍首，攀銜匜沿，龍尾上卷，龍身飾細鱗紋。形體特大，爲江淮間出土匜中最大的一件。

48

32

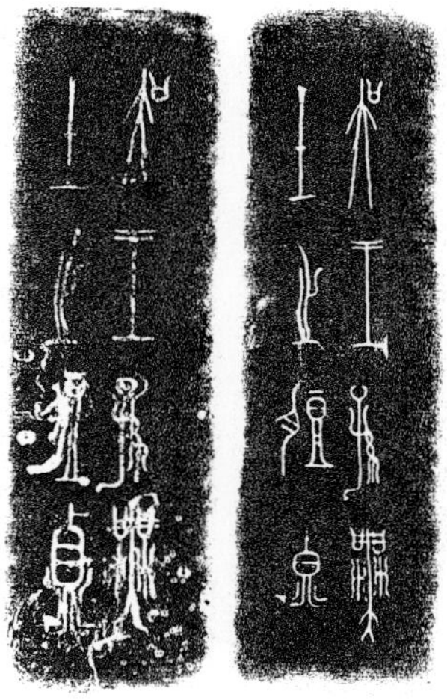
6

66

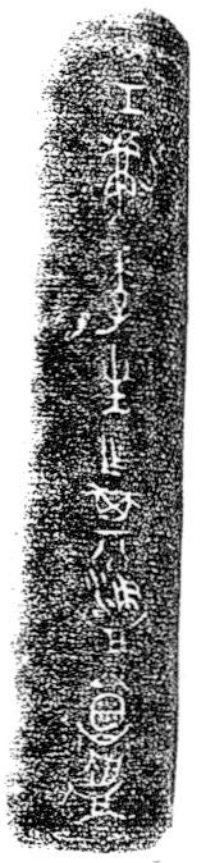
62

52

51

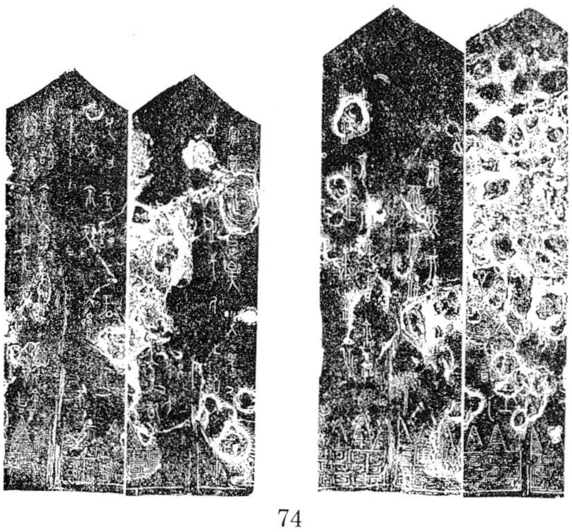
74

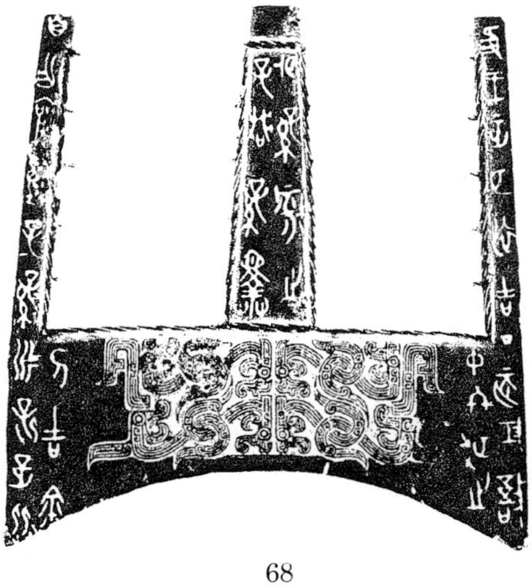
68

本書選錄青銅器銘文拓片

6.吳王孫無壬鼎　32.蟠蛇紋缶　48.吳王夫差盉
51.吳王光鑑　52.吳王夫差鑑　62.工𠭯季生匜
66.者減鐘　68.臧孫編鐘　74.配兒鉤鑃

159

152

151

100

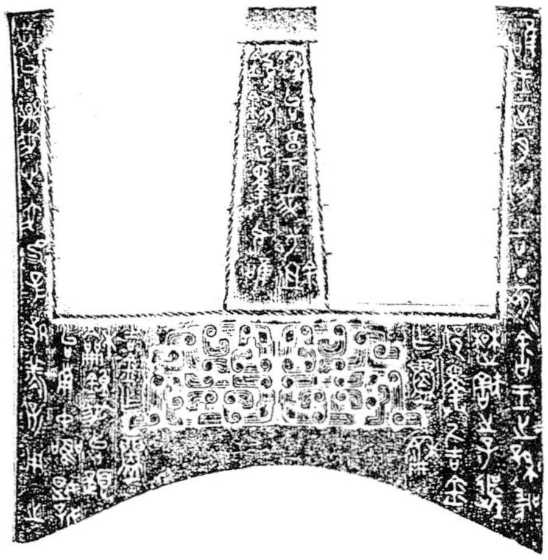

162

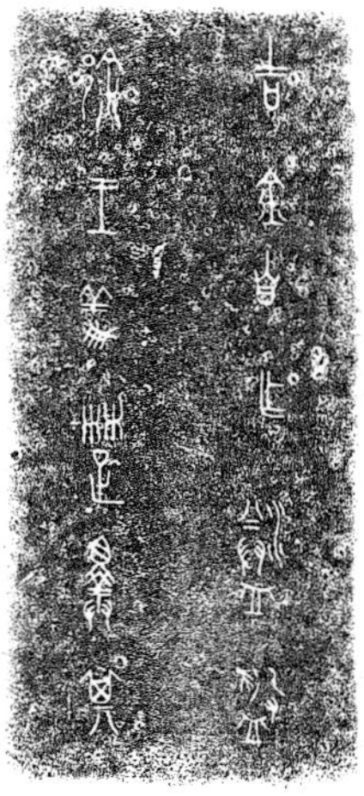

158

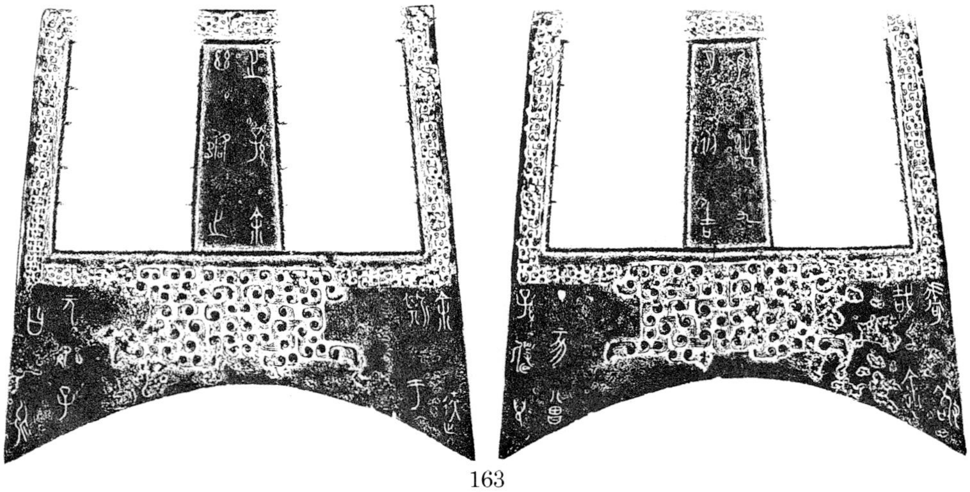

163

本書選錄青銅器銘文拓片

100.越王勾踐劍　151.庚兒鼎　152.郤䣄尹替湯鼎　158.徐王義楚盤　159.徐令尹旨䀇爐盤　162.鄦邞鎛　163.僕兒鐘

春秋時期中原群雄列國圖

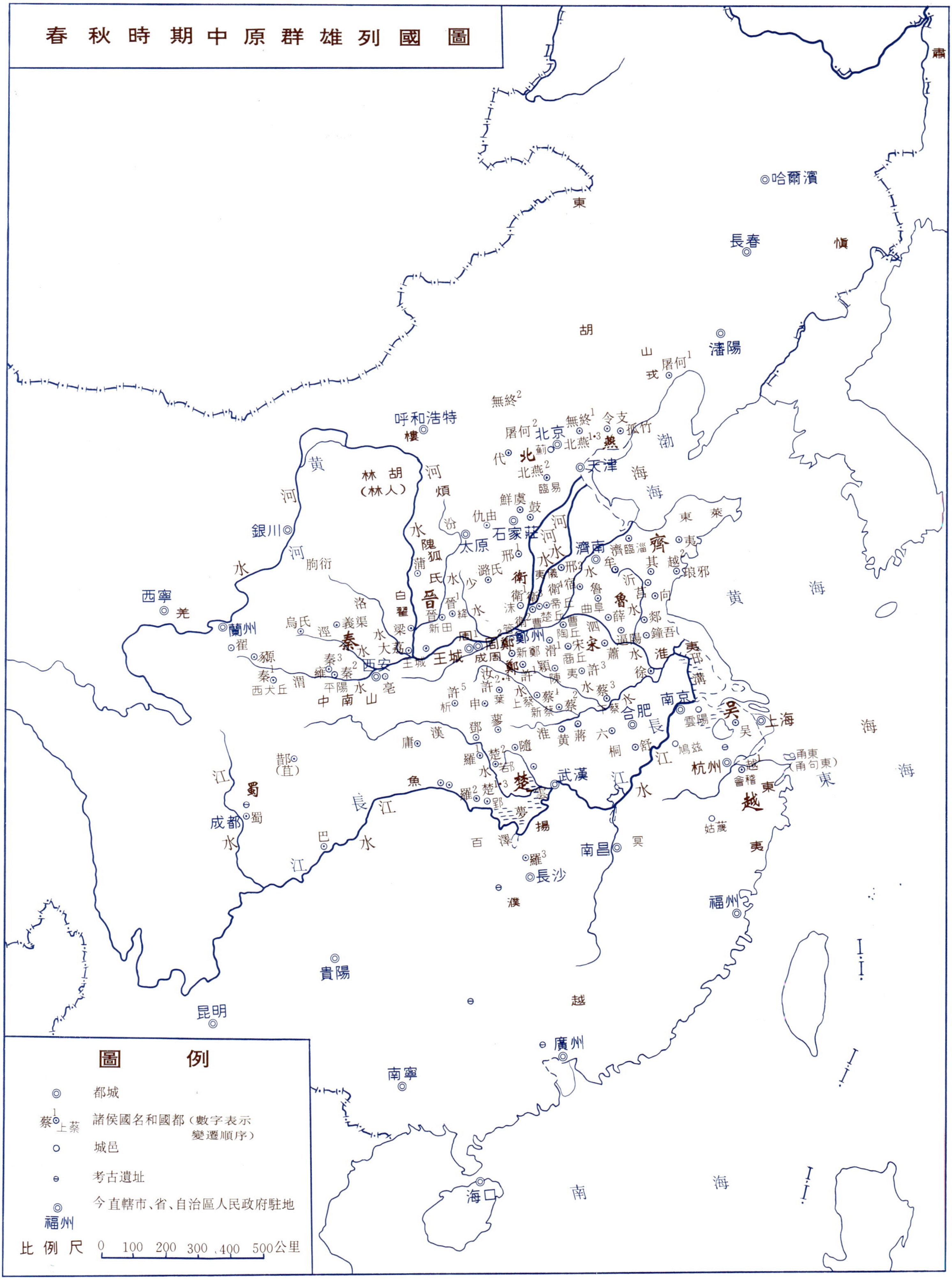

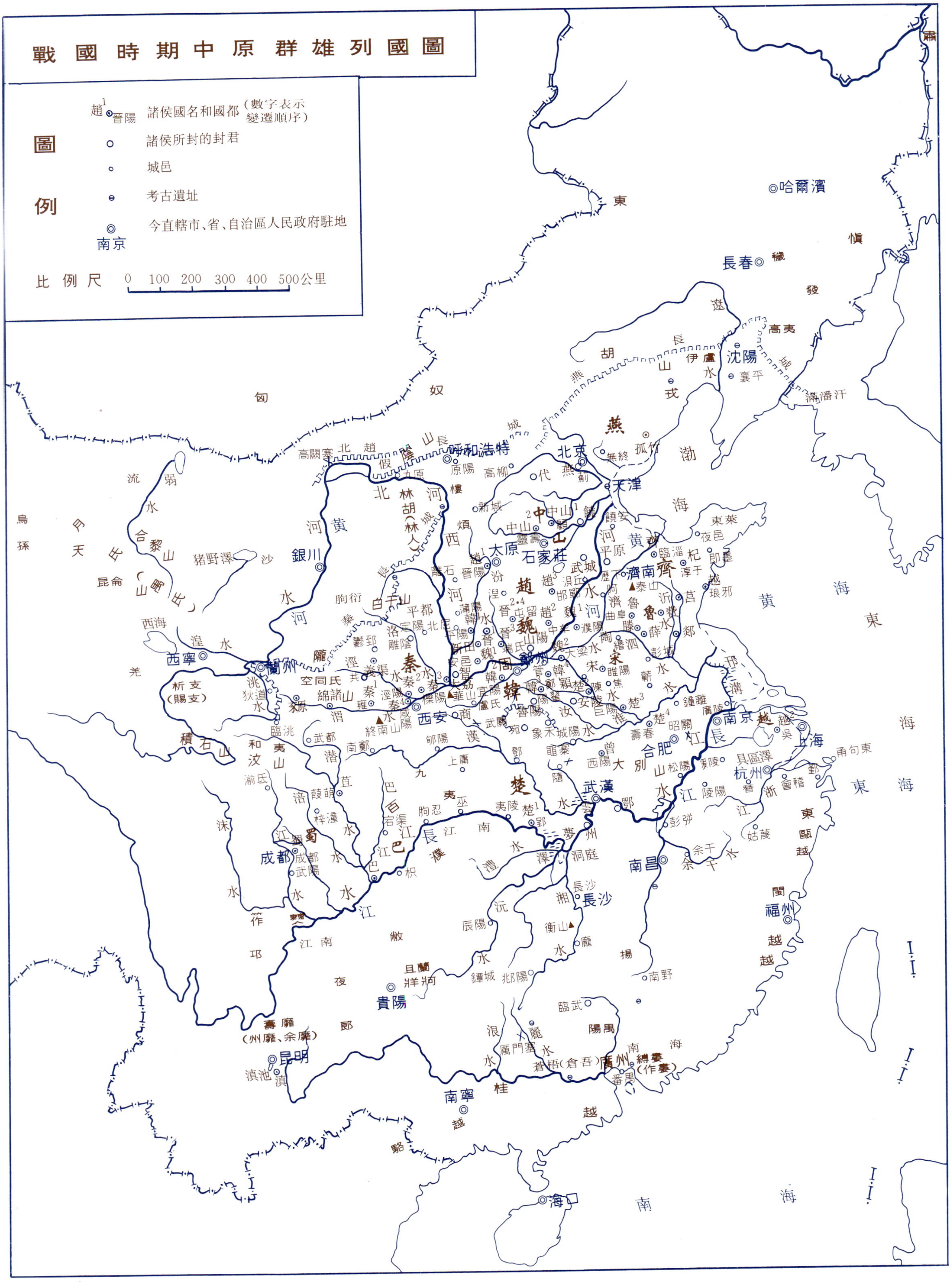
戰國時期中原群雄列國圖
圖例
趙[1] 晉陽 諸侯國名和國都（數字表示變遷順序）
諸侯所封的封君
城邑
考古遺址
南京 今直轄市、省、自治區人民政府駐地
比例尺 0 100 200 300 400 500公里

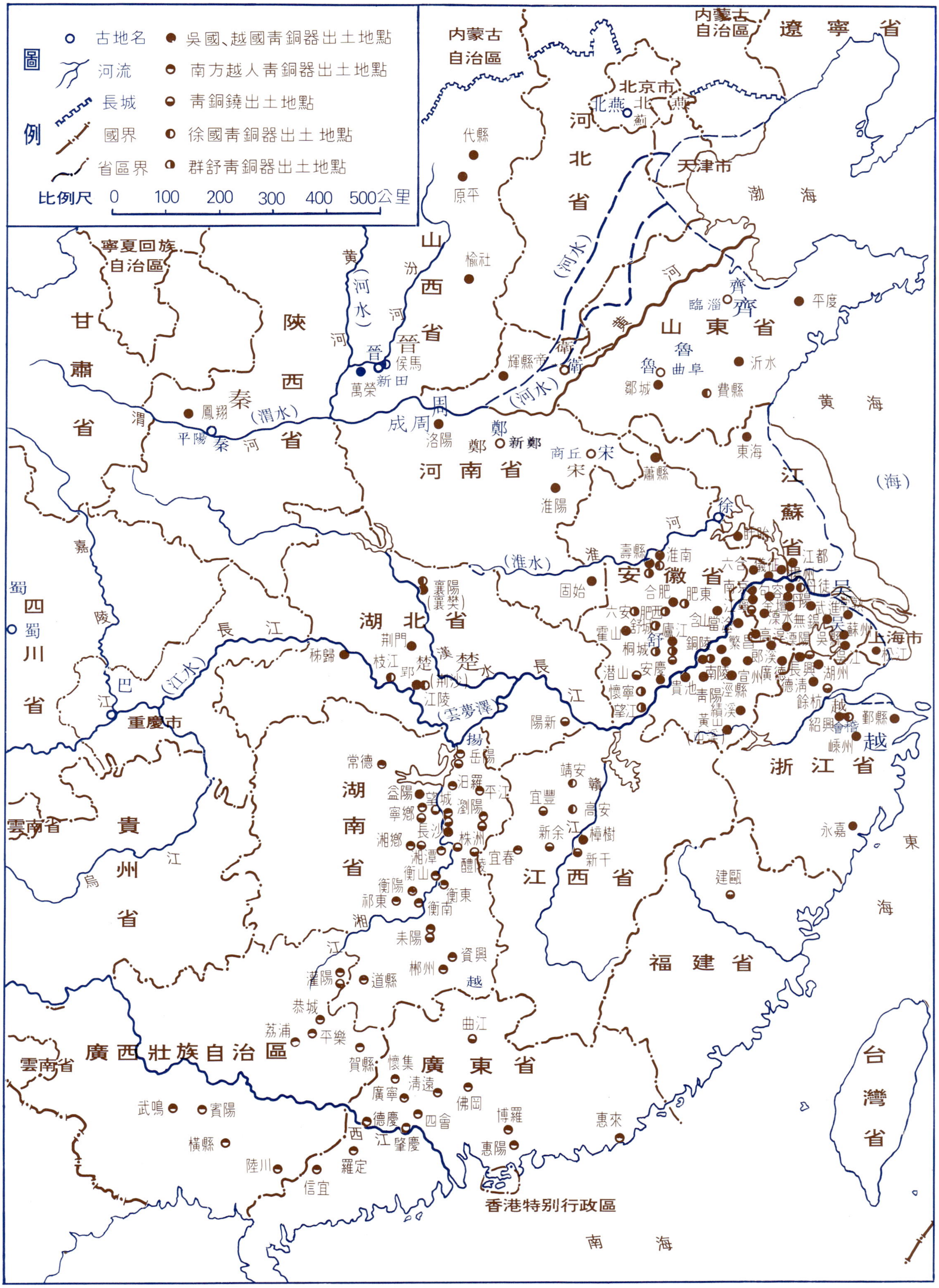

東周吳越徐青銅器出土地點分布圖

本書編輯拍攝工作，承蒙以下各單位
予以協助和支持，謹此致謝。

中國歷史博物館
上海博物館
安徽省博物館
安徽省繁昌縣文物管理所
安徽省懷寧縣文物管理所
安徽省南陵縣文物管理所
安徽省壽縣博物館
安徽省皖西博物館
安徽省天長市博物館
安徽省宣州市博物館
南京博物院
江蘇省南京市博物館
江蘇省鎮江市博物館
江蘇省無錫市博物館
江蘇省盱眙縣文化館
浙江省博物館
浙江省紹興市博物館
浙江省紹興市文物管理所
河南省文物考古研究所
湖北省博物館
湖南省博物館
湖南省長沙市博物館
湖南省衡陽市博物館
江西省博物館
廣東省博物館
廣東省文物考古研究所
廣西壯族自治區博物館
廣西壯族自治區賀縣博物館
山西省博物館
福建省博物館
陝西省鳳翔縣文化館
所有給予支持的單位和人士

責任編輯 張囤生
封面設計 仇德虎
版面設計 張囤生
攝　　影 劉小放
　　　　 郭　群
　　　　 樊申炎
　　　　 李　凡
　　　　 王　露
圖版說明 周　亞
　　　　 李國樑
　　　　 鄒厚本
　　　　 毛　穎
繪　　圖 邱富科
　　　　 李　淼
　　　　 韓慧君
責任印製 陳　傑
責任校對 周蘭英

圖書在版編目（CIP）數據

中國青銅器全集．11，東周．5／《中國青銅器全集》編輯委員會編．—北京：文物出版社，1997.12
（2018.12 重印）
ISBN 978－7－5010－0956－5

Ⅰ．①中…　Ⅱ．①中…　Ⅲ．①青銅器（考古）－中國－東周時代－圖集　Ⅳ．①K876.412

中國版本圖書館 CIP 數據核字（2012）第 081533 號

中國美術分類全集

中國青銅器全集

第11卷　東周　5

中國青銅器全集編輯委員會編

出版發行者　文物出版社
（北京東直門内北小街二號樓）
http://www.wenwu.com
E-mail:web@wenwu.com

責任編輯　張囤生
再版編輯　徐　旸
製版者　蛇口以琳彩印製版有限公司
印刷裝訂者　河北鵬潤偉業印刷有限公司
經銷者　新華書店
一九九七年十二月第一版
二〇一八年十二月第四次印刷
書號　ISBN 978-7-5010-0956-5
定價　三五〇圓

版權所有